CORAL E OUTROS POEMAS

SOPHIA DE MELLO BREYNER ANDRESEN

Coral e outros poemas

Seleção e apresentação
Eucanaã Ferraz

8ª reimpressão

COMPANHIA DAS LETRAS

Copyright © by Herdeiros de Sophia de Mello Breyner Andresen

Esta edição segue o estabelecimento de texto de Obra poética *lançado pela Assírio & Alvim em Portugal, em 2015.*

Capa
Victor Burton

Foto de capa
Fernando Lemos

Revisão
Isabel Cury
Thaís Totino Richter

Dados Internacionais de Catalogação na Publicação (CIP)
(Câmara Brasileira do Livro, SP, Brasil)

Andresen, Sophia de Mello Breyner
   Coral e outros poemas / Sophia de Mello Breyner Andresen ; seleção e apresentação Eucanaã Ferraz — 1ª ed. — São Paulo : Companhia das Letras, 2018.

ISBN 978-85-359-3079-5

1. Poesia 2. Poesia portuguesa I. Ferraz, Eucanaã. II. Título.

18-12598   CDD-869.17

Índice para catálogo sistemático:
1. Poesia : Literatura portuguesa 869.17

Todos os direitos desta edição reservados à
EDITORA SCHWARCZ S.A.
Rua Bandeira Paulista, 702, cj. 32
04532-002 — São Paulo — SP
Telefone: (11) 3707-3500
www.companhiadasletras.com.br
www.blogdacompanhia.com.br
facebook.com/companhiadasletras
instagram.com/companhiadasletras
twitter.com/cialetras

Sumário

Apresentação — *Breve percurso rente ao mar*,
Eucanaã Ferraz 17

DE POESIA, 1944

I.
    Apesar das ruínas e da morte 45
    Mar 46
    O jardim e a noite 47
    Evohé Bakkhos 49
    Apolo Musageta 50
    Cidade 51

II.
    Jardim 52
    Fundo do mar 53
    Níobe transformada em fonte 54

III.
    As fontes 55
    Há cidades acesas na distância 56
    Homens à beira-mar 57

DE DIA DO MAR, 1947

I.
    As ondas quebravam uma a uma 61
    Mar sonoro 62
    É esta a hora… 63
    As rosas 64
    Dia de hoje 65

II.
    Dionysos 66
    O anjo 67
III.
    Navio naufragado 68
    O primeiro homem 69
IV.
    Um dia 70
V.
    Quando 71
    Jardim perdido 72
VI.
    Reza da manhã de Maio 73
    Eurydice 74

DE *CORAL*, 1950

PRIMEIRA PARTE

I.
    Chamei por mim quando cantava o mar 77
II.
    Sacode as nuvens que te poisam nos cabelos 78
    Terror de te amar num sítio tão frágil como o mundo 79
III.
    Soneto à maneira de Camões 80

SEGUNDA PARTE

I.
    Coral 81
    Assassinato de Simonetta Vespucci 82
II.
    Intervalo II 84
    Praia 85

	Barcos	86
	Pirata	87
III.		
	Espera-me	88
	A raiz da paisagem foi cortada	89
	Ó Poesia — quanto te pedi!	90
	Cada dia é mais evidente que partimos	91
	Penélope	92
	Mãos	93
	Árvores	94
	E só então saí das minhas trevas	95
IV.		
	Que poema, de entre todos os poemas	96
	Poema de geometria e de silêncio	97

DE *NO TEMPO DIVIDIDO*, 1954

POEMAS DE UM LIVRO DESTRUÍDO

I *A memória longínqua de uma pátria*	101
II Eurydice	102
VII *Não procures verdade no que sabes*	103
VIII *Não te chamo para te conhecer*	104
IX *Como é estranha a minha liberdade*	105

NO TEMPO DIVIDIDO

No mar passa de onda em onda repetido	106
A liberdade que dos deuses eu esperava	107
Dia	108
Intacta memória	109
Poema de amor de António e de Cleópatra	110
Soneto de Eurydice	111
No tempo dividido	112
Santa Clara de Assis	113
Prece	114

DE *MAR NOVO*, 1958

I.
- *Perfeito é não quebrar* 117
- *Senhor se da tua pura justiça* 118
- Encruzilhada 119
- Cante Jondo 120
- Marinheiro sem mar 121
- *A bela e pura palavra Poesia* 124
- As três Parcas 125

II.
- Liberdade 126
- Meditação do duque de Gandia sobre a morte de Isabel de Portugal 127
- A anémona dos dias 128
- O soldado morto 129
- Náufrago 130
- *Aquele que partiu* 131
- *Este é o tempo* 132

III.
- Porque 133
- Electra 134
- Marinheiro real 135
- Biografia 136
- Corpo 137
- Poema inspirado nos painéis que Júlio Resende desenhou para o monumento que devia ser construído em Sagres 138
- Nocturno da Graça 140
- Brisa 142
- No poema 143

O CRISTO CIGANO, 1961

A palavra faca 147
I O escultor e a tarde 148
II O destino 149
III Busca 150
IV O encontro 153
V O amor 154
VI A solidão 155
VII Trevas 156
VIII Canção de matar 157
IX Morte do cigano 159
X Aparição 160
XI Final 162

DE LIVRO SEXTO, 1962

I. As coisas
    Algarve 165
    Barcos 166
    Reino 167
    Musa 168
    Manhã 171
    As grutas 172
    Ressurgiremos 175

II. A estrela
    A estrela 176
    No poema 179
    Inscrição 180
    Para atravessar contigo o deserto do mundo 181
    Fernando Pessoa 182
    Carta aos amigos mortos 183
    Dia 185
    O hospital e a praia 186

III. As grades
    Pranto pelo dia de hoje 188
    Exílio 189
    Data 190
    As pessoas sensíveis 191
    O super-homem 193
    O velho abutre 194

DE *GEOGRAFIA*, 1967

I. Ingrina
    Ingrina 197
    Mundo nomeado ou descoberta das ilhas 198

II. Procelária
    Procelária 199
    Cidade dos outros 200
    Eu me perdi 201
    Esta gente 202
    Túmulo de Lorca 204

III. A noite e a casa
    Quadrado 206
    A noite e a casa 207

IV. Dual
    Assim o amor 208
    A flauta 209
    No deserto 210
    O filho pródigo 211
    Os espelhos 212

V. Mediterrâneo
    Acaia 213
    No Golfo de Corinto 214
    Epidauro 215
    Vila Adriana 217
    Ítaca 218

VI. Brasil ou do outro lado do mar
    Descobrimento 219
    Manuel Bandeira 220
    Brasília 222
    Poema de Helena Lanari 224
VII. No poema
    Da transparência 225
    Poema 226

DE *DUAL*, 1972

I. A casa
    A casa 231
    Eurydice 232
    Em nome 233
II. Delphica
    II *Esse que humano foi como um deus grego* 234
    VI (Antinoos de Delphos) 235
III. Homenagem a Ricardo Reis
    I *Não creias, Lídia, que nenhum estio* 236
IV. Dual
    Dual 237
    Manhã de outono num palácio de Sintra 238
    Inicial 239
    Estrada 240
    Fechei à chave 241
    Musa 242
V. Arquipélago
    Em Hydra, evocando Fernando Pessoa 243
    O Minotauro 246
    O efebo 249
    Os gregos 250

VI. Em memória
    A paz sem vencedor e sem vencidos 251
    Camões e a tença 252
    Retrato de uma princesa desconhecida 253
    Catarina Eufémia 254

DE *O NOME DAS COISAS*, 1977

I. 1972-3
    Cíclades 257
    Che Guevara 261
    Soror Mariana — Beja 262
    "Fernando Pessoa" ou "Poeta em Lisboa" 263
    O palácio 264

II. 1974-5
    Lagos I 266
    25 de Abril 268
    Revolução 269
    Nesta hora 270
    Com fúria e raiva 272
    Projecto I 273
    Liberdade 274
    A casa térrea 275
    Retrato de mulher 276
    Esteira e cesto 277
    O rei de Ítaca 278

III.
    Museu 279
    Projecto II 280
    Carta de Natal a Murilo Mendes 281
    Regressarei 283
    A forma justa 284
    Nestes últimos tempos 285
    Estações do ano 287

DE *NAVEGAÇÕES*, 1983

Lisboa 291
As ilhas
    I *Navegámos para Oriente* 293
    III *À luz do aparecer a madrugada* 294
    V *Ali vimos a veemência do visível* 295
    VI *Navegavam sem o mapa que faziam* 296
Deriva
    III *Nus se banharam em grandes praias lisas* 297
    VI *Eu vos direi a grande praia branca* 298
    VII *Outros dirão senhor as singraduras* 299
    VIII *Vi as águas os cabos vi as ilhas* 300
    XII *Cupidez roendo o verde emergir das ilhas a barlavento* 302
    XVII *Estilo manuelino* 303

DE *ILHAS*, 1989

I. Poemas reencontrados
    Tríptico ou Maria Helena, Arpad e a pintura 307
    A princesa da cidade extrema ou a morte dos ritos 308
    Não te esqueças nunca 311
II.
    Tempo de não 312
    Veneza 313
III.
    Olímpia 314
    Carta(s) a Jorge de Sena 316
IV.
    O dia 318
    A escrita 319
    O país sem mal 320
    Os biombos Namban 321

Estátua de Buda 323
Dedicatória da segunda edição do *Cristo cigano*
 a João Cabral de Melo Neto 324
Cesário Verde 326
Fúrias 328

DE MUSA, 1994

1º andamento
   Ondas 333
   Tão grande dor 334
2º andamento
   Orpheu e Eurydice 336
   Eurydice em Roma 337
3º andamento
   O poeta sábio 338
   Cânon 339
   Elegia 340
   Tejo 341
   À maneira de Horácio 342

DE O BÚZIO DE CÓS E OUTROS POEMAS, 1997

Goa 345
Arte poética 346
Métrica 347
O búzio de Cós 348
Foi no mar que aprendi 349
Deus escreve direito 350
Era o tempo 351
Homero 352
Hélade 353
Varandas 354
O infante 355

ARTES POÉTICAS

Arte poética I 359
Arte poética II 362
Arte poética III 364
Arte poética IV 367
Arte poética V 371

POEMAS DISPERSOS

Náufrago acordando 375
Brasil 77 376
Quem me roubou o tempo que era um 378

INÉDITOS

A cidade dos outros 381
A minha vida está vivida 382

Índice de títulos e primeiros versos 383

Apresentação
Breve percurso rente ao mar

Eucanaã Ferraz

A poesia de Sophia de Mello Breyner Andresen está entre nós, concreta e viva. É uma *voz*, vem de uma natureza — um corpo — que nunca se repete. Nela reencontramos o sentido mais profundo do que seja um idioma, compreendido como fluxo, fundado cada vez que se fala; mas também reconstituímos em nós uma expressão comum, ou seja, anônima, na qual o particular e o coletivo se reconhecem num tecido sem fissuras.

As primeiras impressões talvez sejam estas: os versos parecem tocados de mistério e, no entanto, a sintaxe é clara e direta; o tom soa elevado, mas o vocabulário é o mais simples; a expressão é clássica, porém decididamente moderna; a aparente atemporalidade entra em tensão com a história e o presente mais circunstancial; se deparamos a perfeição e a beleza, também constatamos que nada é aparato ou ostentação; o leitor sente-se atraído, acolhido, entretanto é apanhado todo o tempo por imagens inesperadas, desconcertantes, que desalinham o conforto e lançam a fruição para uma zona que exige empenho e gosto pelo risco; quando esperamos a transparência, somos colocados frente a um mundo áspero e sombrio; esperamos o vago e encontramos a precisão da geometria; a melodia sinuosa se alastra, austera, parece contínua, mas logo outro ritmo atravessa o caminho; onde presumimos a doçura defrontamos com a veemência; onde supúnhamos o clamor, é o silêncio que surge; e quando este parece perdurar, a voz se refaz vigorosa, e denuncia, e exige, e não se cala. Assim, recolhemos em nós uma fala flutuante, que vagueia por extremos, mas cuja agitação sugere antes o equilíbrio que o tumulto, conservando-se à superfície de uma língua líquida.

As impressões iniciais, concluiremos adiante, estavam certas; porque a escrita de Sophia de Mello Breyner Andresen não guarda fundos falsos nem avessos, nunca foi, no tempo, senão um desenrolar de si mesma, uma duração, cujo sentido são a coerência e a integridade. Assim, do primeiro ao último livro, ouvimos a mesma voz, e por isso mesmo identificamos sem esforço suas modulações.

Poesia (1944) trouxe à luz uma poeta que parecia desde já madura. As publicações seguintes confirmariam aquele julgamento. Temas e qualidades formais se conservaram, sempre vigorosos, ao mesmo tempo que o conjunto constituído por eles se expandia num contínuo — menos por alargamento de linhas temáticas ou por ineditismo de procedimentos estilísticos, deve-se observar, do que pela força de combinações novas num universo perfeitamente delimitado, no qual o amadurecimento, entre a constância e a experimentação bem medida, sobressai mais que o salto e o corte brusco.

Já no livro de estreia estão presentes temas que percorreriam a obra inteira de Sophia como grandes marcos: o mar, o jardim, as mãos, a noite, a luz, a mitologia grega.

Estão lá o ritmo inconfundível dos versos bem cortados e sua música compassada, como se, vagarosamente, a voz tocasse as coisas do mundo. Está lá a poeta que, atenta, vê e escuta o que está a sua volta, bem como seu gosto pela clareza e pela nitidez.

Quanto ao quadro mais amplo em que se situa a primeira coletânea de Sophia, vale notar que foi escrita durante a Segunda Guerra Mundial. Se não há referências diretas ao conflito, decerto a sua ambiência pulsa ali, como no breve poema que abre o volume e traz como primeiro verso: "Apesar das ruínas e da morte". A escrita de Sophia nunca deixará de partir desse "apesar de". Sua consciência crítica vigilante, decididamente moderna, nunca desviou das ruínas do mundo. Mas se ameaças, morte e caos irrompem como a face terrível das coisas, o poema lhes devolve a perspectiva de fundação de uma vida pacificada e justa. Trata-se de uma dimensão política, ética, moral, que cada novo livro confirmará e tornará mais intensa. Desse modo, o poema de abertura de *Poesia* se encerra com uma imagem redentora: "E nunca as minhas mãos ficam vazias"; os versos erguem-se, portanto, como sinal positivo, matéria viva, presença que preenche o vazio e o silêncio deixados pela morte.

O livro que se segue, *Dia do mar* (1947), dá continuidade ao anterior. Permanece o mundo natural como presença absoluta, inteireza oposta à fragmentação e à destinação trágica vividas pela humanidade desde que exilada daquela mesma natureza. Há nos poemas "um prazer evidente de estar só face aos prodígios do mundo, de que o mar será, talvez, o maior. Prodígio, milagre, de que o poeta se crê o detentor único e absoluto".[1] A solidão diante do mar — "As ondas quebravam uma a uma/ Eu estava só com a areia e com a espuma/ Do mar que cantava só para mim" — tem a plenitude de um encontro com o tempo, mas o ir e vir das águas, em vez de sugerir a efemeridade, em seu ritmo e repetição incessante instala antes uma duração que não tem começo nem fim. De fato, o panteísmo é, não apenas nesse livro, "o fundamento da integração do poeta no cosmos, transcendendo qualquer fronteira entre vida e morte".[2]

Os eixos temáticos e os principais procedimentos formais de *Dia do mar* persistirão em *Coral* (1950). O mar confirma sua importância em poemas marcados por contenção e brevidade, e o exemplo mais acabado talvez seja a pequena joia que dá nome ao livro: "Ia e vinha/ E a cada coisa perguntava/ que nome tinha". A alusão à paisagem marinha surge no título — "Coral" — e nos verbos do primeiro verso, que trazem o ritmo ondeante das marés em permanente movimento. Mas a ação central da cena — "perguntava" — lança a natureza para além do quadro natural e sugere um contato inaugural com o mundo. Se a poeta busca um encontro total com as coisas, o mar "é assim um auxiliar de revelação do mundo".[3] Esse desvelamento do universo surge numa relação de escuta e de fala, e assim o título sugere também um concerto de vozes — a que pergunta e as que, hipoteticamente, lhe respondem — formando um *coral*, entendido agora como canto em coro.

---

1 Gastão Cruz, prefácio a *Dia do mar*. Lisboa: Assírio & Alvim, 2014, p. 14.
2 Ibid., p. 20.
3 Manuel Gusmão, prefácio a *Coral*. Lisboa: Assírio & Alvim, 2013, p. 13.

Nessa breve marinha, avistamos outra marca definitiva da autora: seus poemas são sempre uma lição de poética, na qual prevalecem o dialogismo e a polifonia, a síntese e a significação plural, a existência como posição frontal perante as coisas, a quebra da hierarquia entre o humano e o natural, e com isso a busca por uma indiferenciação entre natureza e palavra.

Se os três livros formam, de certo modo, um tríptico de abertura e consagração,[4] *No tempo dividido* (1954) revela tanto continuidade quanto mudança. Brevidade, síntese e musicalidade continuam a definir os poemas como peças de grande beleza e exatidão, nos quais se condensam várias camadas de sentido num andamento rítmico que nunca deixa ver em que ponto as imagens vão passando de uma a outra. Essa voz inconsútil, no entanto, traz agora ao primeiro plano a divisão ou, ainda, a discórdia, o desencontro e a condenação, já presentes nos livros anteriores: "A liberdade que dos deuses eu esperava/ Quebrou-se. [...]". Mais uma vez a escrita se anima com aquela força nascida "apesar de", porém nessa altura "as ruínas e a morte" não raro surgem vencedoras:[5]

---

[4] Para Gastão Cruz, op. cit., pp. 11-2, trata-se de "um tríptico fortemente unitário, que se situa num momento muito significativo da poesia portuguesa", no qual "olhar, ver o mundo, muito especialmente o mundo natural, torna-se a tarefa maior que os poetas propõem a si mesmos".
[5] Jorge de Sena observou que "*No tempo dividido* era uma colectânea que, até no próprio título, significava a perplexidade do poeta que via o seu mundo ideal confrontado com as realidades contemporâneas, e se libertava de uma paisagem adolescente da memória". *Estudo de literatura portuguesa III*. Lisboa: Edições 70, 1988.

E agora ó Deuses que vos direi de mim?
Tardes inertes morrem no jardim.
Esqueci-me de vós e sem memória
Caminho nos caminhos onde o tempo
Como um monstro a si próprio se devora.

A consciência da mudança e da permanência manifesta-se já na designação do livro seguinte, *Mar novo* (1958). Ao compor um título em que a renovação qualifica o elemento mais antigo e permanente de sua poética, Sophia lança luz sobre algum itinerário (poema a poema, livro a livro), mas também sobre a profunda relação que mantém com as coisas do mundo: a modificação não existe desligada da continuidade.

A amarga confrontação com o tempo histórico, sobretudo com o presente, prolonga uma das linhas de força do livro anterior. Sintomaticamente, *No tempo dividido* e *Mar novo* passaram a ser editados num mesmo volume a partir de 1985.[6] Sophia observou então: "são agora reunidos num só volume, pois pertencem a um mesmo 'ciclo' e são na realidade um mesmo livro".[7]

Mesmo considerando tal unidade, é possível avaliar que *Mar novo* trouxe mais espesso "um *sentimento trágico da vida* que se manifesta num mal-estar, numa negatividade que se diz em termos como 'desespero', 'absurdo', 'desencontro', 'náusea', 'nojo', todos eles pondo em evidência

---

[6] Os livros voltaram a ser publicados separadamente quando a Assírio & Alvim, em 2013, passou a editar toda a obra de Sophia.
[7] Nota a *No tempo dividido* e *Mar novo*. Lisboa: Salamandra, 1985, p. 7.

que a poeta não permaneceu imune a um certo *ar do tempo* típico dos fins dos anos 40 e dos anos 50 em Portugal e noutros países, muito marcado, como se sabe, pelas filosofias da existência".[8]

"Marinheiro sem mar" mostra bem a dualidade mudança/permanência. Se deparamos mais uma vez com a paisagem marítima, ela agora abriga o dissabor e o descaminho:

> Longe o marinheiro tem
> Uma serena praia de mãos puras
> Mas perdido caminha nas obscuras
> Ruas da cidade sem piedade

E ainda:

> Porque o seu caminho foi perdido
> O seu triunfo vendido
> E ele tem as mãos pesadas de desastres

Trata-se, na verdade, de uma estranha marinha, já que o poema traz à cena a ausência do mar, substituído pelas cidades. Os versos voltam-se para esse ato de adulteração, com o qual tudo se corrompe; ou ainda, a permuta de espaços equivale à troca do pleno pelo vazio, da claridade pela escuridão, da paz pelo tumulto, da ordem pelo caos. Se o mar é o uno e o eterno presentificados, a cidade é o lugar da divisão, espaço-tempo do antimarinheiro:

---

[8] J. B. Martinho. Prefácio a *Mar novo*. Lisboa: Assírio & Alvim, 2013, p. 14.

> Porque ele se perdeu do que era eterno
> E separou o seu corpo da unidade
> E se entregou ao tempo dividido
> Das ruas sem piedade

Mais terrível ainda, esse marinheiro exilado serve de espelho para a poeta e para nós, como se pode ler em "As três Parcas":

> E nunca mais o doce vento aéreo
> Nos levará ao mundo desejado
> E nunca mais o rosto do mistério
>
> Será o nosso rosto conquistado
> Nem nos darão os deuses o império
> Que à nossa espera tinham inventado.

As deusas que tecem os destinos acham-se em outro poema, "Encruzilhada", no qual os caminhos se cruzam sob um signo funesto:

> Onde é que as Parcas Fúnebres estão?
> — Eu vi-as na terceira encruzilhada
> Com um pássaro de morte em cada mão.

O luto é tema central em *Mar novo*, tornado evidente também em "Cante Jondo", nas esplêndidas elegias "Meditação do duque de Gandia sobre a morte de Isabel de Portugal" e "O soldado morto", em "Náufrago" e no poema sem título cujo primeiro verso é "Aquele que partiu". Morto está o próprio país em "Poema inspirado nos painéis que Júlio Resende desenhou para o monumento que devia ser construído em Sagres". Mesmo a poesia aparece morta; ou, mais que isso, assassinada, vítima de uma morte procurada, ambas desviadas de seus altos dotes, tornadas vis:

> A bela e pura palavra Poesia
> Tanto pelos caminhos se arrastou
> Que alta noite a encontrei perdida
> Num bordel onde um morto a assassinou.

Por fim, tempo e morte se fundem em "Brisa", que conclui com a pergunta:

> Quem poderá deter
> O instante que não para de morrer?

O livro subsequente — apresentado na íntegra, neste volume — guarda valor especial para o leitor brasileiro. Trata-se de *O Cristo cigano* (1961), conjunto de poemas em sequência narrativa que reconstitui uma antiga lenda sevilhana contada a Sophia por João Cabral de Melo Neto. Os dois conheceram-se em 1958, em Sevilha, onde morava o poeta e diplomata.

A versão em que se baseou o livro conta a história do escultor Francisco Antonio Ruiz Gijón e sua procura insensata de uma imagem ideal para o Cristo expirante que lhe fora encomendado, em 1682, para uma capela; o exercício obsessivo e o constante fracasso exasperaram-no a tal ponto que o artista optou por simular a cena que deveria esculpir; assim, esfaqueou um homem, um cigano, de sobrenome Cachorro, cuja expressão agonizante, copiada a carvão ali mesmo pelo escultor, seria transposta para o entalho; conta-se ainda que na procissão que exibiu a imagem pela primeira vez ao público a semelhança da escultura com o modelo fez com que as feições da vítima fossem imediatamente identificadas pelo povo; daí o nome pelo qual se tornou conhecida a imagem — Cristo Cachorro — que pode ser vista na basílica do Cristo de la Expiración, ou simplesmente igreja do Cachorro, em Triana, bairro de Sevilha.[9]

Sophia desobrigou-se de descrições e detalhes acessórios, apresentando um caso exemplar, no qual a arte precisa sacrificar o humano e o divino para se fazer. O rosto que o escultor anseia modelar — o Cristo agonizante, expirando — é buscado de modo perturbador, obsessivo, e logo sua investigação converte-se numa procura pela própria morte em meio à vida. E é em termos tais que tudo se consuma.

Não compete aqui o acompanhamento minucioso do livro. Vale consignar, porém, que muitos críticos o consideram um caso à parte na obra de Sophia, sobretudo pelas características formais — versos curtos e medidos, principalmente a redondilha —, mas também pelo universo temático, no qual a luz dá lugar à obscuridade. Para Jorge de

---

[9] Outra versão da lenda, mais corrente hoje, apresenta uma variante. Conta-se que Gijón, vagando pelas ruas, ouviu gritos, foi em direção a eles e encontrou Cachorro, que acabara de ser esfaqueado por motivos passionais; em vez de socorrer o cigano, o escultor ali mesmo esboçou a carvão as expressões do homem que agonizava e que logo adiante seriam transpostas para sua escultura.

Sena, *O Cristo cigano* "representou uma curiosa experimentação profunda: por um lado, a superação da religiosidade cristã, e, por outro, certa quebra com uma rítmica musical e uma imagética evocativa, em favor de ritmos mais abruptos e de uma concisão que mais nomeia e define do que evoca. A essa transformação originalmente conduzida não terá sido alheio o exemplo do poeta brasileiro João Cabral de Melo Neto".[10]

A própria poeta pareceu concordar e ratificar tal "condição descentrada",[11] tendo em vista que daria o nome de *Livro sexto* à reunião de poemas que publicou a seguir, quando, pela ordem de publicação, é *O Cristo cigano* que ocupa o lugar de sexto livro. E a desconfiança de que o volume fora mesmo expurgado seria confirmada adiante, com a sua exclusão da *Obra poética*, que reuniu, em 1991, todos os livros da autora.[12]

Mas julgo que a diferença desse livro em relação aos outros, não só os que o precederam, tem a ver com algo mais intenso e íntimo, ou ainda, mais enraizado na visão de mundo de Sophia, na sua personalidade integral. *O Cristo cigano* põe em cena a admissibilidade de a arte se fazer como negação da vida; mais que isso, podendo-se realizar por meio da violência absoluta: o assassínio. Não bas-

---

10 Jorge de Sena, *Estudos de literatura portuguesa III*. Lisboa: Edições 70, 1988, p. 174.
11 Rosa Maria Martelo, prefácio a *O Cristo cigano*. Lisboa: Assírio & Alvim, 2014, p. 17.
12 *O Cristo cigano* voltou a ser publicado como volume independente a partir de 2003 e desde 2010 foi incorporado às novas edições da *Obra poética*. Cf. nota 15.

tasse isso, é nesse gesto horrendo que o divino se revela. Como Sophia admitiria, moralmente, espiritualmente, que o artista, a arte e o sagrado se originassem da ignomínia? Como admitiria dar vida a um artista cuja vaidade se projeta acima do respeito à vida? Não se trata aqui de procurar a discordância ou a concordância da poeta em relação aos valores encerrados na lenda. A questão é outra e anterior: a simples escrita de *O Cristo cigano* considera legítima a existência de uma arte e de uma sacralidade cristã orientadas pela destruição voluntária de uma vida humana.

Ao analisar a relação da poética de Sophia de Mello Breyner Andresen com o politeísmo grego e, simultaneamente, com o cristianismo, Richard Zenith observa com justeza: "É uma poesia influída (na acepção original do termo) pela geografia e pela mitologia do mundo antigo e que respira fundo o sentimento pagão, aqui entendido como a percepção direta e objetiva da natureza, sendo simultaneamente uma poesia assertivamente cristã".[13] E acrescenta ainda: "A novidade é que esta convivência dos deuses mitológicos com o Deus do cristianismo não decorre de uma atitude estética nem de uma estratégia literária".[14]

A citação ajuda a ver o quanto o livro diverge da poética de Sophia; tomando-se o termo "poética" como um conjunto de valores de largo alcance, composto por uma personalidade em que não se separam autor e obra; e nes-

---

13 Richard Zenith, "Uma cruz em Creta: A salvação sophiana", *Sophia de Mello Breyner Andresen — Actas do Colóquio Internacional*. Org. Maria Andresen Sousa Tavares, Centro Nacional de Cultura. Porto: Porto Editora, p. 208.
14 Idem.

sa poética a religiosidade é muito mais que um artifício. Curiosamente, porém, Sophia nunca deu senão motivos pouco sólidos e de natureza estritamente literária para o expurgo de *O Cristo cigano*.[15]

Ainda sobre o livro, observo que, ao final, Sophia aponta, obliquamente, para um outro modo de fazer arte, no qual a natureza — a vida — serviria de modelo para se chegar a (ao rosto de) Deus. É a recusa de Sophia que se dá a ver ali, o caminho tomado por ela desde sempre, inteiramente oposto àquele do escultor:

> Assim termina a lenda
> Daquele escultor:
> Nem pedra nem planta
> Nem jardim nem flor
> Foram seu modelo.

Se *O Cristo cigano* faz sobressair, no nível formal, alguma lição construtiva cabralina, ela surgirá exemplarmente realizada em *Livro sexto*, porque aqueles traços levantados por Jorge de Sena agora estão por completo apropriados pela *língua* de Sophia.

---

[15] Maria Andresen Sousa Tavares registra que em 1999, quando a mãe confiou a ela a tarefa de cuidar de futuras edições de sua obra, perguntou-lhe acerca da exclusão de *O Cristo cigano*, obtendo como resposta: "Retirei-o porque, com o tempo, comecei a achá-lo fraco"; e ainda: "comecei a senti-lo como um objecto estranho na minha poesia". Segundo Maria Andresen, "este juízo tinha a ver com a fortíssima influência que nele sentia da poesia de João Cabral de Melo Neto". No entanto, Sophia deixou-se convencer pelos argumentos *a contrario* que a filha lhe foi apresentando, e o livro foi reintegrado ao conjunto da obra desde 2010. (Nota à quinta edição do livro. Lisboa: Assírio & Alvim, 2014, pp. 9-11).

É bastante eloquente que o título se limite a expressar uma ordem numérica, ou seja, que em vez de apontar para conteúdos vivenciais, emotivos ou simbólicos, apenas patenteie a posição ocupada pelo volume numa sequência ordenada: aquele é o *sexto livro* da autora. Desse modo, o volume busca desde a portada dar o seu sinal: sinal de menos; conta de menos; ou ainda, busca *de menos*, trilho em direção àquilo que na escrita de Sophia de Mello Breyner Andresen sempre foi despojamento mas também disposição metódica, arranjo. A intitulação destaca o construtivismo da coletânea, seu valor moderno-contemporâneo, que, presente nos livros anteriores, intensifica suas forças, o que faz ver com mais acerto — e sem nenhuma contradição — a vocação clássica da poética da autora.

Mas se o título é uma simples expressão numérica, convém observar que o sintagma não se inicia pelo numeral ordinal. E não há dúvida de que *Livro sexto* soa bem diferente de *sexto livro*, expressão análoga: a sequência escolhida tem, sem dúvida, um ritmo austero e elegante; desliza, mas é firme; a relação silábica equilibrada entre os dois nomes forma um corpo único e bem-acabado; além disso, instala-se sutilmente uma imagem que evoca antigos modos de se relacionar com a materialidade dos livros, remetendo aos grandes volumes; mas, igualmente, transporta à ordenação interna das grandes obras, trazendo à memória, ou à imaginação, uma vaga biblioteca de textos sagrados, enciclopédias, registros. Ao criar um título que se restringe à indicação do lugar ocupado pelo livro na série de seus livros, Sophia de Mello Breyner Andresen faz um gesto qualitativamente impessoal, porém cria com ele um ambiente vocabular espesso de historicidade e simbologia.

A apurada dimensão formal dos textos encontra um amplo espectro de temas e questões, que, não raro contrastantes, emprestam ao quadro geral uma dinâmica surpreendente. Basta considerar o flagrante choque entre os poemas da primeira parte — "As coisas" —, marcados pela luz e pela transparência, que instala um espaço solar e afirmativo cujo horizonte mais palpável é o Algarve, e os da terceira seção — "Grades" —, sombria, abafada, de zonas opacas, na qual vigora um tempo de "injustiça e de vileza", como se lê em "Data". Confrontam-se, portanto, o tempo suspenso das marinhas e um tempo histórico singularizado pelas convulsões colonialistas, e nunca será dispensável citar "O velho abutre", retrato de Salazar que, extraordinário em sua síntese, fixa a monstruosidade caricatural de qualquer déspota:

> O velho abutre é sábio e alisa as suas penas
> A podridão lhe agrada e seus discursos
> Têm o dom de tornar as almas mais pequenas

As linhas de força de *Livro sexto* prolongam-se em *Geografia* (1967). Algumas, de caráter mais estritamente formal: concisão, contraposições rítmicas em par com a liquidez melódica, sobreposições de tempos e espaços, imagens perturbadoras, indeterminação entre concreto e abstrato. O caráter plástico-arquitetônico da expressão e o gosto pela geometria, pela precisão e pela síntese tomarão impulso com uma vivência biográfica decisiva: a primeira viagem da poeta à Grécia, em 1963.[16] A palavra solar de Sophia alcança então uma expressão mais sólida e marcada pela experiência.[17]

Mas se em *Geografia* se encontram as luzes das praias do Algarve e as das ilhas gregas, os poemas não abdicarão de ver, como nos livros anteriores, as sombras terríveis de uma paisagem cultural ou, ainda, política.[18] Ao tratar dessa dimensão político-participativa, Frederico Lourenço volta-se para o título do livro e observa que sua cartografia faz um "mapa de Portugal nos anos finais do Salazarismo". Assim, a segunda parte do livro faz um retrato de Portugal oposto ao da primeira: "A beleza primordial da manhã algarvia não retrata por inteiro o que é Portugal nos anos 60".[19]

Se *O Cristo cigano* guarda um particular interesse para o leitor brasileiro, pela relação do texto com João Cabral

---

16 Sophia viajou com Agustina Bessa-Luís e Alberto Luís. Suas impressões de viagem podem ser acompanhadas nas cartas de Sophia para Jorge de Sena, publicadas em *Sophia de Mello Breyner e Jorge de Sena — Correspondência 1959-1978*. Lisboa: Guerra e Paz, 2006.
17 Parece importante, aqui, tomar de empréstimo uma observação de Frederico Lourenço: "O tema 'Sophia e a Grécia' tem-se prestado a um sem-fim de generalizações e de lugares-comuns e por isso não será demais frisar que se trata de uma construção própria, quase de um ideário, que proporcionou à autora categorias imediatamente poetizáveis através das quais o que ela acabou por exprimir só tangencialmente tem que ver com a Grécia". Frederico Lourenço, prefácio a *Geografia*. Lisboa: Assírio & Alvim, 2014, p. 16.
18 Não se trata aqui, portanto, do simples contraste entre o dia e a noite. Esta última, como natureza, surge sempre bem-vinda na escrita de Sophia, e *Geografia* é exemplo acabado de como a solidão noturna é aliada da criação.
19 Frederico Lourenço, op. cit., p. 19.

de Melo Neto, *Geografia* exibe uma vinculação bem maior com brasileiros e com o Brasil.[20] Composto de sete partes, a penúltima se chama "Brasil ou do outro lado do mar" e traz quatro poemas — todos reproduzidos nesta seleção — que formam um quadro tão breve quanto excepcional.

O primeiro, "Descobrimento", põe em cena o maravilhamento do encontro primordial com as terras brasileiras.[21] Segue-se "Manuel Bandeira", homenagem que é também uma evocação da juventude, tempo encantado ao qual a obra do autor de "As três mulheres do sabonete Araxá" acrescentava sua liberdade e sua alegria. O poema seguinte é "Brasília", que, igualmente, não se resume a uma deferência, nesse caso à capital brasileira e a seus criadores. Em leitura antológica do poema, Eduardo Prado Coelho parte da constatação de que Sophia tem pelo menos dois "grandes inimigos": o tempo e a cidade; e observa que o projeto de Brasília é "uma vontade que se ergue contra a desordem da memória, contra a confusão da história e a babelização dos tempos".[22] Assim, a cidade de Lúcio Costa e Oscar Niemeyer é definida no poema como "lógica e lírica", termos que, conforme a justa lição de Prado Coelho, servem para definir a própria Sophia. A última peça da série — pois aqui se trata mesmo de um conjunto coeso — é "Poema de Helena Lanari". Com grande simplicidade

---

20 Sophia vem ao Brasil em 1966.
21 O tema das navegações e dos descobrimentos reaparecerá adiante, largamente desenvolvido no livro *Navegações* (1983).
22 Eduardo Prado Coelho, "Sophia, a lírica e a lógica", em *A mecânica dos fluidos: Literatura, cinema, teoria*. Lisboa: Imprensa Nacional/ Casa da Moeda, 1984, p. 119.

e força expressiva, a poeta funde a paisagem e a fala brasileiras, cunhando a célebre imagem:

> Quando Helena Lanari dizia o "coqueiro"
> O coqueiro ficava muito mais vegetal

Encontramos, mais uma vez, a "busca pela medida e pelo equilíbrio, avistados como numa 'geografia', paisagem recortada, nítida, luminosa [...]".[23] E, no atlas pessoal de Sophia, tanto a paisagem natural do Brasil quanto a palavra de Manuel Bandeira, tanto a utopia construtiva de Brasília quanto a fala de Helena Lanari exibem aqueles altos valores que sua poesia procura.

As linhas temáticas e formais destacadas até aqui estão presentes em *Dual* (1972), título que talvez soe estranho, como observa Eduardo Lourenço, já que Sophia, "como ninguém, foi musa da visão mais unitiva e unificante do nosso céu poético, canonicamente consagrado à ausência e à perda". Mas o crítico pondera de imediato que a "contradição, se na ordem poética isso tem algum sentido, é só aparente". E conclui: "A luminosa Sophia não ignora a sombra e o luto do coração da vida".[24]

Na trilha da dualidade e da tensão, o livro instiga ainda pelo fato de que nele Sophia confronta seu avesso: Fernando Pessoa. Não é a primeira vez que o poeta ganha tal destaque. O diálogo tem início em *Livro sexto*, no poema "Fernando

---

[23] Eucanaã Ferraz, "Ouvir o poema". *Relâmpago — Revista de poesia*, n. 9, Lisboa, Fundação Luís Miguel Nava, p. 35, out. 2001.
[24] Eduardo Lourenço, prefácio a *Dual*. Lisboa: Assírio & Alvim, 2014, p. 11.

Pessoa", mas não há dúvida de que ganha força imprevista nos versos de "Em Hydra, evocando Fernando Pessoa". Eduardo Lourenço bem assinala que Sophia de Mello Breyner Andresen ergueu um mundo anterior e externo a tudo que Pessoa promovera, como se a este não coubesse absolutamente a "casa do ser" que Sophia sabia habitar. O criador dos heterônimos inventou para si um mundo de solidão absoluta, "a não-casa, o lar desde sempre perdido, o mundo como Deserto e a vida como anti-Destino".[25]

Pessoa ressurge em *O nome das coisas* (1977), ainda uma vez presentificado em plena paisagem grega, no poema "Cíclades".[26] Os versos evocam sob a luminosidade extrema aquele que proclama como "viúvo de ti mesmo", e com isso dá forma a uma extraordinária e dramática luta entre luz e treva, vida e morte, ser e não ser.

O arranjo do livro seguiu um critério cronológico. A primeira parte traz poemas datados de 1972 e 1973; a segunda, aqueles escritos entre 1974 e 1975; a terceira, poemas criados a partir de 1976. No centro estão, portanto, os textos originados no período da Revolução de 25 de abril, a célebre Revolução dos Cravos. Nesse sentido, o livro "serve de sismógrafo histórico",[27] e por isso mesmo pede uma visão mais detida da confluência entre a consciência política e a temática grega. Cito uma passagem de Giulia Lanciani:

---

25 Eduardo Lourenço, op. cit., p. 14.
26 O poeta está presente ainda em outro poema do livro, "'Fernando Pessoa' ou 'Poeta em Lisboa'"; mais adiante, reaparecerá em *Musa* (1994), no poema "Fernando Pessoa".
27 Fernando Cabral Martins, prefácio a *O nome das coisas*. Lisboa: Assírio & Alvim, 2015, p. 17.

A progressiva formação de uma consciência política é nela inspirada por uma ideologia humanístico-cristã, felizmente associada à lição grega. A civilização helénica é para Sophia um modelo axiológico, no qual busca um conjunto de valores perdidos, como a totalidade, a harmonia, a justiça, a verdade. A sua voz é uma arma contra o que ofende a dignidade do homem, elevando-se num trágico canto para dizer o desvario dos que habitam aquela dimensão de trevas, o sofrer um exílio comum na própria pátria [...].[28]

Essa consciência política não estará de fora do livro seguinte, *Navegações* (1983), no qual o mar surge sob o peso da história: a gesta ultramarina empreendida pelos portugueses. Mas também entram em cena, de modo explícito ou não, a experiência de outros viajantes, e paira, sobretudo, a figura de Luís de Camões.

Seria correto afirmar que *Navegações* é um livro sobre *a descoberta*, no qual a expansão marítima portuguesa serve como pano de fundo para a emergência de um éthos: a busca por uma existência plena, que excede os limites históricos. Mas seria preciso acrescentar que a história ali, bem mais que uma complementação cenográfica, faz ver o tempo dos acontecimentos, do vivido, e nele emerge "o *outro* da aventura portuguesa, abatido por enquadramentos socioculturais ou deformado por conveniências ideológicas: o marinheiro".[29] Assistimos a um painel que cria

---

[28] Giulia Lanciani, "Sophia de Mello Breyner Andresen: O labirinto da palavra". *Actas do Colóquio Internacional*, op. cit., p. 102.
[29] Eucanaã Ferraz, prefácio a *Navegações*. Lisboa: Assírio & Alvim, 2015, p. 13.

em poemas breves, de grande síntese e forte plasticidade a experiência dos homens em alto-mar, e deles o gosto pela aventura, o maravilhamento com a natureza e o espanto das descobertas.

Em *Navegações*, portanto, Sophia, "sem traços de eloquência político-programática, sem ideias organizadas em favor de alguma comunidade",[30] realiza uma suspensão da ideologia. E ainda, "ao instalar sua palavra a partir de uma espécie de epifania da experiência coletiva, o caráter político de seu livro emerge exatamente de uma liberdade absoluta".[31]

A viagem permanecerá como tema central do próximo livro, *Ilhas* (1989). E também aqui as paisagens geográficas e culturais vão além de Portugal e Grécia, e as alusões são de diferentes ordens.

Se "Veneza", por exemplo, traz a cidade nomeada já no título, outro poema, "A escrita", pede que saibamos onde se situa o Palácio Mocenigo, no qual vemos instalado o mítico Lord Byron. As imagens de "Os biombos Namban" reconstituem em colorido, musicalidade e ritmo o primeiro contato entre japoneses e europeus.[32] O Japão retorna, em tempo e situação bem diversos, ao lado da Polônia em "Não te esqueças nunca", mas são os nomes Treblinka e Hiroshima que importam, são eles que não devem ser esquecidos, pois alertam para "o horror o terror a suprema ignomínia".

---

30 Idem, p. 14.
31 Idem, pp. 14-5.
32 Sophia refere-se aos biombos que se encontram no Museu Nacional de Arte Antiga, em Lisboa; eles retratam o intercâmbio comercial e cultural entre japoneses e portugueses, quando estes chegaram ao Japão, em 1543.

Mas a viagem pode ser para um lugar que não há, como se lê em "O país sem mal", poema que trata de tribos errantes que procuravam uma terra sem males, cujos versos ao final saltam do nomadismo utópico para uma reflexão de natureza política que não esconde a melancolia da visão retrospectiva: "Como os revolucionários do meu tempo/ Nada tinham encontrado".

Junto às viagens encontram-se os viajantes, e então o poema mais eloquente talvez seja mesmo "Carta(s) a Jorge de Sena", sobretudo porque não se trata de um navegador, mas de um emigrante. Assim, ao lado dos navegadores da expansão marítima o livro nos dá um "legítimo português de novecentos".

Para Carlos Mendes de Sousa, os dois últimos livros de Sophia, *Musa* (1994) e *O búzio de Cós e outros poemas* (1997), formam "uma unidade de duas faces e constituem um fecho, um ponto de chegada que funciona como uma espécie de coda".[33] De fato, ambos compartilham aspectos formais, como a brevidade, a dicção límpida, as imagens arrojadas, a justaposição de palavras ou sintagmas e o andamento rítmico que parece levar consigo o próprio sentido dos versos, sílaba a sílaba;[34] ambos repercutem temas semelhantes, sobretudo aqueles permanentes no conjunto da obra, como a Grécia, o mar e as viagens. Mas Carlos Mendes de

---

33 Carlos Mendes de Sousa, prefácio a *Musa* (1994) e *O búzio de Cós e outros poemas*. Lisboa: Assírio & Alvim, 2016, p. 14. Vale chamar atenção para o fato de que os dois livros passaram a ser publicados num só volume.
34 Sobre o aspectos rítmicos na escrita de Sophia, remeto ao trabalho de Rosa Maria Martelo, "Sophia e o fio de sílabas". *A forma informe*. Lisboa: Assírio & Alvim, 2010.

Sousa sublinha outros aspectos, como a presença da memória, que engendra paisagens lembradas, e a casa como "lugar de meditação e contemplação rememorativa".[35]

Nos dois livros, a consciência alerta diante da linguagem, marcante desde os primeiros livros, permanece, mas a consciência do tempo transcorrido parece vir à frente. Não há debilidade em *Musa* ou *O búzio de Cós*, mas o que era luta ganha agora as cores esbatidas de alguma quietude. Não surpreende que seja assim, que o tempo tenha trazido alguma pacificação para quem sempre desejou a paz; uma unificação consigo mesma.

A *eleição* é um exercício conhecido de todo aquele que já tenha lido um livro de poemas. Não importa se começou a fazê-lo pelo meio, avançando aos saltos, ou se obedeceu à ordem proposta página a página: ele foi apanhado pela predileção. É algo que não se pode — e que não se quer — suster ou dominar. Assim, qualquer leitor não só está apto a fazer antologias como de fato as faz na marcha da leitura, ainda que não se dê conta, ainda que não faça a conta de quais e quantos foram os poemas escolhidos. É um exercício porque se trata mesmo de uma atividade cuja prática aperfeiçoa ou desenvolve uma habilidade, uma qualidade. Mas, ainda assim, como medir no gosto o desempenho?

Foi o que fiz ao longo dos anos no convívio com a obra de Sophia. A cada leitura e releitura ia colecionando poemas, versos, estrofes, imagens.

---

35 Idem, p. 31.

Agora, porém, minhas vagas compilações deveriam se tornar uma só, a fim de ser compartilhada com outros leitores. Tal responsabilidade sempre impõe ao antologista o dever — ilusão, talvez — de ler além do gosto, algo como elevar-se sobre os limites da opinião subjetiva, da inclinação pessoal, atendendo a uma exigência crítica, ou, ainda, à expectativa daqueles que lhe confiaram a tarefa de tornar pública sua eleição (sua intimidade amorosa).

Sem decisões prévias, li e reli os versos de Sophia apenas para encontrar os poemas que não cessavam de me surpreender; que, digamos, suspendiam a insuficiência de meu gosto individual não porque eu ganhasse paulatinamente um distanciamento e, por consequência, a lucidez prescrita pelo bom juízo. Fui, ao contrário, agrupando o que me deslumbrava, o que me levava *para dentro*, o que me espantava. No caso da poesia de Sophia de Mello Breyner Andresen não é menos que isto: espanto.

Era imprescindível, no entanto, demarcar as linhas gerais que avistava como decisivas. Ou seja, necessitava conceber o caráter autônomo de cada livro e sustentá-lo na constelação de poemas que, a partir de tais propósitos, começou a se modificar com acréscimos e substituições. Nesse sentido, foi determinante a leitura de alguma fortuna crítica. Não pude, todavia, averbar aqui todas as abordagens que me valeram para chegar ao desenho definitivo de *Coral e outros poemas*; como bem sabemos, um prefácio — ou prólogo, ou apresentação — não se define apenas pela posição espacial no corpo do livro; brevidade, indicação de diretrizes e abandono de caminhos secundários são princípios indeclináveis, por mais que nos guie a liberdade que a leitura pressupõe.

Também cuidei para que certos diálogos internos, tramados ao longo das obras, fossem resguardados. Os poemas que abordam Fernando Pessoa são um bom exemplo. Outra preocupação foi sustentar a persistência de temas, personagens, cenários, uma vez que a repetição constitui um traço fundamental para a compreensão de uma poética.

Mantive a ordenação cronológica regular, ou seja, do primeiro ao último livro. Estão consignadas as estruturas internas originais dos volumes, todos eles organizados em partes, exceto *O Cristo cigano* e *O búzio de Cós e outros poemas*, ambos armados em sequência contínua. O primeiro, como já observei, foi aqui mantido integralmente. O motivo de tal opção é o fato de tratar-se de um livro que é um único poema, que é também uma narrativa; pareceu-me que isolar quaisquer segmentos sacrificaria as conexões com os precedentes e, por conseguinte, deformaria o conjunto.

Sempre atenta (palavra de sua predileção, associada a "antena") ao destino de seus livros, Sophia não raro reconsiderou as sucessivas edições, retirando ou acrescentando poemas, suprimindo ou corrigindo datas, alterando composições estróficas, entre outras mudanças. A presente antologia segue a estrutura dos livros e a fixação dos textos da *Obra poética*, publicada em 2015 pela editora portuguesa Assírio & Alvim.[36] Sob responsabilidade de Carlos Mendes

---

36 A edição da Assírio & Alvim, por sua vez, adotou os critérios estabelecidos na edição da editora Caminho, em 2010 (revista na segunda edição, de 2011).

de Sousa, o volume considera as várias mudanças operadas pela poeta,[37] instituindo-se como um trabalho modelar.

Em relação às "Artes poéticas", esta reunião também segue o que se fez naquele volume. Publicadas originalmente nas edições autônomas, desde então foram numeradas e reunidas após os livros.[38]

O fecho de *Coral e outros poemas* guarda igualmente a feição da *Obra poética*, que se encerra com os "Poemas esparsos" — recolha dos versos que Sophia publicou em revistas, jornais, obras coletivas, mas nunca incorporados a seus livros — seguidos de alguns inéditos.

Julgo importante assinalar que esta é a segunda coletânea de poemas de Sophia de Mello Breyner Andresen editada no Brasil. Em 2004, a Companhia das Letras publicou *Poemas escolhidos*, com seleção de Vilma Arêas.

Na esteira de tal registro, gostaria de dar notícia acerca da presença destacada da autora de *O tempo dividido* nas universidades brasileiras, onde professores e estudantes se dedicam há décadas ao ensino e à pesquisa em torno dela.

Agradeço a todos aqueles que dividem comigo o amor pela poesia da autora de *O tempo dividido* e dou boas-vindas àqueles que chegam. Basta abrir os olhos e ver: concreta, nítida, luminosa, a palavra de Sophia está entre nós.

---

[37] Como registra a "Nota de edição" de Carlos Mendes de Sousa, os livros de Sophia, desde 2003, foram publicados pela Caminho com organização de Maria Andresen Sousa Tavares e de Luis Miguel Gaspar. Foi esse cuidado editorial, livro a livro, que tornou possível o estabelecimento da poesia reunida.

[38] Para uma visão detalhada das remissões de cada "Arte poética", remeto mais uma vez à "Nota de edição" de Carlos Mendes de Sousa.

DE *POESIA*

Apesar das ruínas e da morte,
Onde sempre acabou cada ilusão,
A força dos meus sonhos é tão forte,
Que de tudo renasce a exaltação
E nunca as minhas mãos ficam vazias.

Mar

I

De todos os cantos do mundo
Amo com um amor mais forte e mais profundo
Aquela praia extasiada e nua,
Onde me uni ao mar, ao vento e à lua.

II

Cheiro a terra as árvores e o vento
Que a Primavera enche de perfumes
Mas neles só quero e só procuro
A selvagem exalação das ondas
Subindo para os astros como um grito puro.

O jardim e a noite

Atravessei o jardim solitário e sem lua,
Correndo ao vento pelos caminhos fora,
Para tentar como outrora
Unir a minha alma à tua,
Ó grande noite solitária e sonhadora.

Entre os canteiros cercados de buxo
Sorri à sombra tremendo de medo.
De joelhos na terra abri o repuxo,
E os meus gestos foram gestos de bruxedo.
Foram os gestos dessa encantação,
Que devia acordar do seu inquieto sono
A terra negra dos canteiros
E os meus sonhos sepultados
Vivos e inteiros.

Mas sob o peso dos narcisos floridos
Calou-se a terra,
E sob o peso dos frutos ressequidos
Do presente
Calaram-se os meus sonhos perdidos.

Entre os canteiros cercados de buxo,
Enquanto subia e caía a água do repuxo,
Murmurei as palavras em que outrora
Para mim sempre existia
O gesto dum impulso.
Palavras que eu despi da sua literatura,
Para lhes dar a sua forma primitiva e pura,
De fórmulas de magia.

Docemente a sonhar entre a folhagem
A noite solitária e pura
Continuou distante e inatingível
Sem me deixar penetrar no seu segredo.
E eu senti quebrar-se, cair desfeita,
A minha ânsia carregada de impossível,
Contra a sua harmonia perfeita.

Tomei nas minhas mãos a sombra escura
E embalei o silêncio nos meus ombros.
Tudo em minha volta estava vivo
Mas nada pôde acordar dos seus escombros
O meu grande êxtase perdido.

Só o vento passou pesado e quente
E à sua volta todo o jardim cantou
E a água do tanque tremendo
Se maravilhou
Em círculos, longamente.

Evohé Bakkhos

Evohé deus que nos deste
A vida e o vinho
E nele os homens encontraram
O sabor do sol e da resina
E uma consciência múltipla e divina.

Apolo Musageta

Eras o primeiro dia inteiro e puro
Banhando os horizontes de louvor.

Eras o espírito a falar em cada linha
Eras a madrugada em flor
Entre a brisa marinha.
Eras uma vela bebendo o vento dos espaços
Eras o gesto luminoso de dois braços
Abertos sem limite.
Eras a pureza e a força do mar
Eras o conhecimento pelo amor.

Sonho e presença
De uma vida florindo
Possuída e suspensa.

Eras a medida suprema, o cânon eterno
Erguido puro, perfeito e harmonioso
No coração da vida e para além da vida
No coração dos ritmos secretos.

Cidade

Cidade, rumor e vaivém sem paz das ruas,
Ó vida suja, hostil, inutilmente gasta,
Saber que existe o mar e as praias nuas,
Montanhas sem nome e planícies mais vastas
Que o mais vasto desejo,
E eu estou em ti fechada e apenas vejo
Os muros e as paredes, e não vejo
Nem o crescer do mar, nem o mudar das luas.

Saber que tomas em ti a minha vida
E que arrastas pela sombra das paredes
A minha alma que fora prometida
Às ondas brancas e às florestas verdes.

Jardim

Alguém diz:
"Aqui antigamente houve roseiras" —
Então as horas
Afastam-se estrangeiras,
Como se o tempo fosse feito de demoras.

Fundo do mar

No fundo do mar há brancos pavores,
Onde as plantas são animais
E os animais são flores.

Mundo silencioso que não atinge
A agitação das ondas.
Abrem-se rindo conchas redondas,
Baloiça o cavalo-marinho.
Um polvo avança
No desalinho
Dos seus mil braços,
Uma flor dança,
Sem ruído vibram os espaços.

Sobre a areia o tempo poisa
Leve como um lenço.

Mas por mais bela que seja cada coisa
Tem um monstro em si suspenso.

Níobe transformada em fonte

(adaptado de Ovídio)

Os cabelos embora o vento passe
Já não se agitam leves. O seu sangue,
Gelando, já não tinge a sua face.
Os olhos param sob a fronte aflita.
Já nada nela vive nem se agita,
Os seus pés já não podem formar passos,
Lentamente as entranhas endurecem
E até os gestos gelam nos seus braços —

Mas os olhos de pedra não esquecem.
Subindo do seu corpo arrefecido
Lágrimas lentas rolam pela face,
Lentas rolam, embora o tempo passe.

As fontes

Um dia quebrarei todas as pontes
Que ligam o meu ser, vivo e total,
À agitação do mundo do irreal,
E calma subirei até às fontes.

Irei até às fontes onde mora
A plenitude, o límpido esplendor
Que me foi prometido em cada hora,
E na face incompleta do amor.

Irei beber a luz e o amanhecer,
Irei beber a voz dessa promessa
Que às vezes como um voo me atravessa,
E nela cumprirei todo o meu ser.

Há cidades acesas na distância,
Magnéticas e fundas como luas,
Descampados em flor e negras ruas
Cheias de exaltação e ressonância.

Há cidades acesas cujo lume
Destrói a insegurança dos meus passos,
E o anjo do real abre os seus braços
Em nardos que me matam de perfume.

E eu tenho de partir para saber
Quem sou, para saber qual é o nome
Do profundo existir que me consome
Neste país de névoa e de não ser.

Homens à beira-mar

Nada trazem consigo. As imagens
Que encontram, vão-se delas despedindo.
Nada trazem consigo, pois partiram
Sós e nus, desde sempre, e os seus caminhos
Levam só ao espaço como o vento.

Embalados no próprio movimento,
Como se andar calasse algum tormento,
O seu olhar fixou-se para sempre
Na aparição sem fim dos horizontes.

Como o animal que sente ao longe as fontes,
Tudo neles se cala pra escutar
O coração crescente da distância,
E longínqua lhes é a própria ânsia.

É-lhes longínquo o sol quando os consome,
É-lhes longínqua a noite e a sua fome,
É-lhes longínquo o próprio corpo e o traço
Que deixam pela areia, passo a passo.

Porque o calor do sol não os consome,
Porque o frio da noite não os gela,
E nem sequer lhes dói a própria fome,
E é-lhes estranho até o próprio rasto.

Nenhum jardim, nenhum olhar os prende.
Intactos nas paisagens onde chegam
Só encontram o longe que se afasta,
O apelo do silêncio que os arrasta,
As aves estrangeiras que os trespassam,
E o seu corpo é só um nó de frio
Em busca de mais mar e mais vazio.

DE *DIA DO MAR*

As ondas quebravam uma a uma
Eu estava só com a areia e com a espuma
Do mar que cantava só para mim.

Mar sonoro

Mar sonoro, mar sem fundo, mar sem fim,
A tua beleza aumenta quando estamos sós
E tão fundo intimamente a tua voz
Segue o mais secreto bailar do meu sonho,
Que momentos há em que eu suponho
Seres um milagre criado só para mim.

É esta a hora...

É esta a hora perfeita em que se cala
O confuso murmurar das gentes
E dentro de nós finalmente fala
A voz grave dos sonhos indolentes.

É esta a hora em que as rosas são as rosas
Que floriram nos jardins persas
Onde Saadi e Hafiz as viram e as amaram.
É esta a hora das vozes misteriosas
Que os meus desejos preferiram e chamaram.
É esta a hora das longas conversas
Das folhas com as folhas unicamente.
É esta a hora em que o tempo é abolido
E nem sequer conheço a minha face.

As rosas

Quando à noite desfolho e trinco as rosas
É como se prendesse entre os meus dentes
Todo o luar das noites transparentes,
Todo o fulgor das tardes luminosas,
O vento bailador das Primaveras,
A doçura amarga dos poentes,
E a exaltação de todas as esperas.

Dia de hoje

Ó dia de hoje, ó dia de horas claras
Florindo nas ondas, cantando nas florestas,
No teu ar brilham transparentes festas
E o fantasma das maravilhas raras
Visita, uma por uma, as tuas horas
Em que há por vezes súbitas demoras
Plenas como as pausas dum verso.

Ó dia de hoje, ó dia de horas leves
Bailando na doçura
E na amargura
De serem perfeitas e de serem breves.

Dionysos

Entre as árvores escuras e caladas
O céu vermelho arde,
E nascido da secreta cor da tarde
Dionysos passa na poeira das estradas.

A abundância dos frutos de Setembro
Habita a sua face e cada membro
Tem essa perfeição vermelha e plena,
Essa glória ardente e serena
Que distinguia os deuses dos mortais.

O anjo

O Anjo que em meu redor passa e me espia
E cruel me combate, nesse dia
Veio sentar-se ao lado do meu leito
E embalou-me, cantando, no seu peito.

Ele que indiferente olha e me escuta
Sofrer, ou que feroz comigo luta,
Ele que me entregara à solidão,
Poisava a sua mão na minha mão.

E foi como se tudo se extinguisse,
Como se o mundo inteiro se calasse,
E o meu ser liberto enfim florisse,
E um perfeito silêncio me embalasse.

Navio naufragado

Vinha dum mundo
Sonoro, nítido e denso.
E agora o mar o guarda no seu fundo
Silencioso e suspenso.

É um esqueleto branco o capitão,
Branco como as areias,
Tem duas conchas na mão
Tem algas em vez de veias
E uma medusa em vez de coração.

Em seu redor as grutas de mil cores
Tomam formas incertas quase ausentes
E a cor das águas toma a cor das flores
E os animais são mudos, transparentes.

E os corpos espalhados nas areias
Tremem à passagem das sereias,
As sereias leves de cabelos roxos
Que têm olhos vagos e ausentes
E verdes como os olhos dos videntes.

O primeiro homem

Era como uma árvore da terra nascida
Confundindo com o ardor da terra a sua vida,
E no vasto cantar das marés cheias
Continuava o bater das suas veias.

Criados à medida dos elementos
A alma e os sentimentos
Em si não eram tormentos
Mas graves, grandes, vagos,
Lagos
Reflectindo o mundo,
E o eco sem fundo
Da ascensão da terra nos espaços
Eram os impulsos do seu peito
Florindo num ritmo perfeito
Nos gestos dos seus braços.

Um dia

Um dia, mortos, gastos, voltaremos
A viver livres como os animais
E mesmo tão cansados floriremos
Irmãos vivos do mar e dos pinhais.

O vento levará os mil cansaços
Dos gestos agitados, irreais,
E há-de voltar aos nossos membros lassos
A leve rapidez dos animais.

Só então poderemos caminhar
Através do mistério que se embala
No verde dos pinhais, na voz do mar,
E em nós germinará a sua fala.

Quando

Quando o meu corpo apodrecer e eu for morta
Continuará o jardim, o céu e o mar,
E como hoje igualmente hão-de bailar
As quatro estações à minha porta.

Outros em Abril passarão no pomar
Em que eu tantas vezes passei,
Haverá longos poentes sobre o mar,
Outros amarão as coisas que eu amei.

Será o mesmo brilho, a mesma festa,
Será o mesmo jardim à minha porta,
E os cabelos doirados da floresta,
Como se eu não estivesse morta.

Jardim perdido

Jardim perdido, a grande maravilha
Pela qual eternamente em mim
A tua face se ergue e brilha
Foi esse teu poder de não ter fim,
Nem tempo, nem lugar e não ter nome.

Sempre me abandonaste à beira duma fome.
As coisas nas tuas linhas oferecidas
Sempre ao meu encontro vieram já perdidas.

Em cada um dos teus gestos sonhava
Um caminho de estranhas perspectivas,
E cada flor no vento desdobrava
Um tumulto de danças fugitivas.

Os sons, os gestos, os motivos humanos
Passaram em redor sem te tocar,
E só os deuses vieram habitar
No vazio infinito dos teus planos.

Reza da manhã de Maio

Senhor, dai-me a inocência dos animais
Para que eu possa beber nesta manhã
A harmonia e a força das coisas naturais.

Apagai a máscara vazia e vã
De humanidade,
Apagai a vaidade,
Para que eu me perca e me dissolva
Na perfeição da manhã
E para que o vento me devolva
A parte de mim que vive
À beira dum jardim que só eu tive.

Eurydice

A noite é o seu manto que ela arrasta
Sobre a triste poeira do meu ser
Quando escuto o cantar do seu morrer
Em que o meu coração todo se gasta.

Voam no firmamento os seus cabelos
Nas suas mãos a voz do mar ecoa
Usa as estrelas como uma coroa
E atravessa sorrindo os pesadelos.

Veio com ar de alguém que não existe,
Falava-me de tudo quanto morre
E devagar no ar quebrou-se, triste
De ser aparição, água que escorre.

DE *CORAL*

Chamei por mim quando cantava o mar
Chamei por mim quando corriam fontes
Chamei por mim quando os heróis morriam
E cada ser me deu sinal de mim.

Sacode as nuvens que te poisam nos cabelos,
Sacode as aves que te levam o olhar,
Sacode os sonhos mais pesados do que as pedras.

Porque eu cheguei e é tempo de me veres,
Mesmo que os meus gestos te trespassem
De solidão e tu caias em poeira,
Mesmo que a minha voz queime o ar que tu respiras
E os teus olhos nunca mais possam olhar.

Terror de te amar num sítio tão frágil como o mundo.

Mal de te amar neste lugar de imperfeição
Onde tudo nos quebra e emudece
Onde tudo nos mente e nos separa.

Soneto à maneira de Camões

Esperança e desespero de alimento
Me servem neste dia em que te espero
E já não sei se quero ou se não quero
Tão longe de razões é meu tormento.

Mas como usar amor de entendimento?
Daquilo que te peço desespero
Ainda que mo dês — pois o que eu quero
Ninguém o dá senão por um momento.

Mas como és belo, amor, de não durares,
De ser tão breve e fundo o teu engano,
E de eu te possuir sem tu te dares.

Amor perfeito dado a um ser humano:
Também morre o florir de mil pomares
E se quebram as ondas no oceano.

Coral

Ia e vinha
E a cada coisa perguntava
Que nome tinha.

Assassinato de Simonetta Vespucci

Homens
No perfil agudo dos quartos
Nos ângulos mortais da sombra com a luz.

Vê como as espadas nascem evidentes
Sem que ninguém as erguesse — de repente.

Vê como os gestos se esculpem
Em geometrias exactas do destino.

Vê como os homens se tornam animais
E como os animais se tornam anjos
E um só irrompe e faz um lírio de si mesmo.

Vê como pairam longamente os olhos
Cheios de liquidez, cheios de mágoa
De uma mulher nos seus cabelos estrangulada.

E todo o quarto jaz abandonado
Cheio de horror e cheio de desordem.
E as portas ficam abertas,
Abertas para os caminhos

Por onde os homens fogem,
No silêncio agudo dos espaços,
Nos ângulos mortais da sombra com a luz.

Intervalo II

Dai-me um dia branco, um mar de beladona
Um movimento
Inteiro, unido, adormecido
Como um só momento.

Eu quero caminhar como quem dorme
Entre países sem nome que flutuam.

Imagens tão mudas
Que ao olhá-las me pareça
Que fechei os olhos.

Um dia em que se possa não saber.

Praia

Os pinheiros gemem quando passa o vento
O sol bate no chão e as pedras ardem.

Longe caminham os deuses fantásticos do mar
Brancos de sal e brilhantes como peixes.

Pássaros selvagens de repente,
Atirados contra a luz como pedradas,
Sobem e morrem no céu verticalmente
E o seu corpo é tomado nos espaços.

As ondas marram quebrando contra a luz
A sua fronte ornada de colunas.

E uma antiquíssima nostalgia de ser mastro
Baloiça nos pinheiros.

Barcos

Dormem na praia os barcos pescadores
Imóveis mas abrindo
Os seus olhos de estátua

E a curva do seu bico
Rói a solidão.

Pirata

Sou o único homem a bordo do meu barco.
Os outros são monstros que não falam,
Tigres e ursos que amarrei aos remos,
E o meu desprezo reina sobre o mar.

Gosto de uivar no vento com os mastros
E de me abrir na brisa com as velas,
E há momentos que são quase esquecimento
Numa doçura imensa de regresso.

A minha pátria é onde o vento passa,
A minha amada é onde os roseirais dão flor,
O meu desejo é o rastro que ficou das aves,
E nunca acordo deste sonho e nunca durmo.

Espera-me

Nas praias que são o rosto branco das amadas mortas
Deixarei que o teu nome se perca repetido

Mas espera-me:
Pois por mais longos que sejam os caminhos
Eu regresso.

A raiz da paisagem foi cortada.
Tudo flutua ausente e dividido,
Tudo flutua sem nome e sem ruído.

Ó Poesia — quanto te pedi!
Terra de ninguém é onde eu vivo
E não sei quem sou — eu que não morri
Quando o rei foi morto e o reino dividido.

Cada dia é mais evidente que partimos,
Sem nenhum possível regresso no que fomos,
Cada dia as horas se despem mais do alimento:
Não há saudade nem terror que baste.

Penélope

Desfaço durante a noite o meu caminho.
Tudo quanto teci não é verdade,
Mas tempo, para ocupar o tempo morto,
E cada dia me afasto e cada noite me aproximo.

Mãos

Côncavas de ter
Longas de desejo
Frescas de abandono
Consumidas de espanto
Inquietas de tocar e não prender.

Árvores

Árvores negras que falais ao meu ouvido,
Folhas que não dormis, cheias de febre,
Que adeus é este adeus que me despede
E este pedido sem fim que o vento perde
E esta voz que implora, implora sempre
Sem que ninguém lhe tenha respondido?...

E só então saí das minhas trevas:
Abri as minhas mãos como folhagens,
Intacta a luz brotava das paisagens,
Mas na doçura fantástica das coisas
As minhas mãos queimavam-se e morriam.

Dia perfeito, inteiro e luminoso,
Dia presente como a morte — luz
Trespassando os meus olhos de cegueira.
Cada voz, cada gesto, cada imagem
Na exaltação do sol se consumia.

Que poema, de entre todos os poemas,
Página em branco?
Um gesto que se afaste e se desligue tanto
Que atinja o golpe de sol nas janelas.

Nesta página só há angústia a destruir
Um desejo de lisura e branco,
Um arco que se curve — até que o pranto
De todas as palavras me liberte.

Poema de geometria e de silêncio
Ângulos agudos e lisos
Entre duas linhas vive o branco.

DE *NO TEMPO DIVIDIDO*

POEMAS DE UM LIVRO DESTRUÍDO

I

A memória longínqua de uma pátria
Eterna mas perdida e não sabemos
Se é passado ou futuro onde a perdemos

II. EURYDICE

Este é o traço que traço em redor do teu corpo amado e
                                                  [perdido
Para que cercada sejas minha

Este é o canto do amor em que te falo
Para que escutando sejas minha

Este é o poema — engano do teu rosto
No qual eu busco a abolição da morte

VII

Não procures verdade no que sabes
Nem destino procures nos teus gestos
Tudo quanto acontece é solitário
Fora de saber fora das leis
Dentro de um ritmo cego inumerável
Onde nunca foi dito nenhum nome

VIII

Não te chamo para te conhecer
Eu quero abrir os braços e sentir-te
Como a vela de um barco sente o vento

Não te chamo para te conhecer
Conheço tudo à força de não ser

Peço-te que venhas e me dês
Um pouco de ti mesmo onde eu habite

IX

Como é estranha a minha liberdade
As coisas deixam-me passar
Abrem alas de vazio pra que eu passe
Como é estranho viver sem alimento
Sem que nada em nós precise ou gaste
Como é estranho não saber

No mar passa de onda em onda repetido
O meu nome fantástico e secreto
Que só os anjos do vento reconhecem
Quando os encontro e perco de repente.

A liberdade que dos deuses eu esperava
Quebrou-se. As rosas que eu colhia,
Transparentes no tempo luminoso,
Morreram com o tempo que as abria.

Dia

Como um oásis branco era o meu dia
Nele secretamente eu navegava
Unicamente o vento me seguia.

Intacta memória

Intacta memória — se eu chamasse
Uma por uma as coisas que adorei
Talvez que a minha vida regressasse
Vencida pelo amor com que a lembrei.

Poema de amor de António e de Cleópatra

Pelas tuas mãos medi o mundo
E na balança pura dos teus ombros
Pesei o ouro do Sol e a palidez da Lua.

Soneto de Eurydice

Eurydice perdida que no cheiro
E nas vozes do mar procura Orpheu:
Ausência que povoa terra e céu
E cobre de silêncio o mundo inteiro.

Assim bebi manhãs de nevoeiro
E deixei de estar viva e de ser eu
Em procura de um rosto que era o meu
O meu rosto secreto e verdadeiro.

Porém nem nas marés nem na miragem
Eu te encontrei. Erguia-se somente
O rosto liso e puro da paisagem.

E devagar tornei-me transparente
Como morta nascida à tua imagem
E no mundo perdida esterilmente.

No tempo dividido

E agora ó Deuses que vos direi de mim?
Tardes inertes morrem no jardim.
Esqueci-me de vós e sem memória
Caminho nos caminhos onde o tempo
Como um monstro a si próprio se devora.

Santa Clara de Assis

Eis aquela que parou em frente
Das altas noites puras e suspensas.

Eis aquela que soube na paisagem
Adivinhar a unidade prometida:
Coração atento ao rosto das imagens,
Face erguida,
Vontade transparente
Inteira onde os outros se dividem.

Prece

Que nenhuma estrela queime o teu perfil
Que nenhum deus se lembre do teu nome
Que nem o vento passe onde tu passas.

Para ti eu criarei um dia puro
Livre como o vento e repetido
Como o florir das ondas ordenadas.

DE *MAR NOVO*

Perfeito é não quebrar
A imaginária linha

Exacta é a recusa
E puro é o nojo.

Senhor se da tua pura justiça
Nascem os monstros que em minha roda eu vejo
É porque alguém te venceu ou desviou
Em não sei que penumbra os teus caminhos

Foram talvez os anjos revoltados.
Muito tempo antes de eu ter vindo
Já se tinha a tua obra dividido

E em vão eu busco a tua face antiga
És sempre um deus que nunca tem um rosto

Por muito que eu te chame e te persiga.

Encruzilhada

Onde é que as Parcas Fúnebres estão?
— Eu vi-as na terceira encruzilhada
Com um pássaro de morte em cada mão.

Cante Jondo

Numa noite sem lua o meu amor morreu
Homens sem nome levaram pela rua
Um corpo nu e morto que era o meu.

Marinheiro sem mar

Longe o marinheiro tem
Uma serena praia de mãos puras
Mas perdido caminha nas obscuras
Ruas da cidade sem piedade

Todas as cidades são navios
Carregados de cães uivando à lua
Carregados de anões e mortos frios

E ele vai baloiçando como um mastro
Aos seus ombros apoiam-se as esquinas
Vai sem aves nem ondas repentinas
Somente sombras nadam no seu rastro.

Nas confusas redes do seu pensamento
Prendem-se obscuras medusas
Morta cai a noite com o vento

E sobe por escadas escondidas
E vira por ruas sem nome
Pela própria escuridão conduzido
Com pupilas transparentes e de vidro

Vai nos contínuos corredores
Onde os polvos da sombra o estrangulam
E as luzes como peixes voadores
O alucinam.

Porque ele tem um navio mas sem mastros
Porque o mar secou
Porque o destino apagou
O seu nome dos astros

Porque o seu caminho foi perdido
O seu triunfo vendido
E ele tem as mãos pesadas de desastres

E é em vão que ele se ergue entre os sinais
Buscando a luz da madrugada pura
Chamando pelo vento que há nos cais

Nenhum mar lavará o nojo do seu rosto
As imagens são eternas e precisas
Em vão chamará pelo vento
Que a direito corre pelas praias lisas

Ele morrerá sem mar e sem navios
Sem rumo distante e sem mastros esguios
Morrerá entre paredes cinzentas
Pedaços de braços e restos de cabeças
Boiarão na penumbra das madrugadas lentas.

*

E ao Norte e ao Sul
E ao Leste e ao Poente
Os quatro cavalos do vento
Sacodem as suas crinas

E o espírito do mar pergunta:

"Que é feito daquele
Para quem eu guardava um reino puro
De espaço e de vazio
De ondas brancas e fundas
E de verde frio?"

Ele não dormirá na areia lisa
Entre medusas, conchas e corais
Ele dormirá na podridão
E ao Norte e ao Sul
E ao Leste e ao Poente
Os quatro cavalos do vento
Exactos e transparentes
O esquecerão

Porque ele se perdeu do que era eterno
E separou o seu corpo da unidade
E se entregou ao tempo dividido
Das ruas sem piedade.

A bela e pura palavra Poesia
Tanto pelos caminhos se arrastou
Que alta noite a encontrei perdida
Num bordel onde um morto a assassinou.

As três Parcas

As três Parcas que tecem os errados
Caminhos onde a rir atraiçoamos
O puro tempo onde jamais chegamos
As três Parcas conhecem os maus fados.

Por nós elas esperam nos trocados
Caminhos onde cegos nos trocamos
Por alguém que não somos nem amamos
Mas que presos nos leva e dominados.

E nunca mais o doce vento aéreo
Nos levará ao mundo desejado
E nunca mais o rosto do mistério

Será o nosso rosto conquistado
Nem nos darão os deuses o império
Que à nossa espera tinham inventado.

Liberdade

Aqui nesta praia onde
Não há nenhum vestígio de impureza,
Aqui onde há somente
Ondas tombando ininterruptamente,
Puro espaço e lúcida unidade,
Aqui o tempo apaixonadamente
Encontra a própria liberdade.

Meditação do duque de Gandia sobre a morte de Isabel de Portugal

Nunca mais
A tua face será pura limpa e viva
Nem o teu andar como onda fugitiva
Se poderá nos passos do tempo tecer.
E nunca mais darei ao tempo a minha vida.

Nunca mais servirei senhor que possa morrer.
A luz da tarde mostra-me os destroços
Do teu ser. Em breve a podridão
Beberá os teus olhos e os teus ossos
Tomando a tua mão na sua mão.

Nunca mais amarei quem não possa viver
Sempre,
Porque eu amei como se fossem eternos
A glória, a luz e o brilho do teu ser,
Amei-te em verdade e transparência
E nem sequer me resta a tua ausência,
És um rosto de nojo e negação
E eu fecho os olhos para não te ver.

Nunca mais servirei senhor que possa morrer.

A anémona dos dias

Aquele que profanou o mar
E que traiu o arco azul do tempo
Falou da sua vitória

Disse que tinha ultrapassado a lei
Falou da sua liberdade
Falou de si próprio como de um Messias

Porém eu vi no chão suja e calcada
A transparente anémona dos dias.

O soldado morto

Os infinitos céus fitam seu rosto
Absoluto e cego
E a brisa agora beija a sua boca
Que nunca mais há-de beijar ninguém.

Tem as duas mãos côncavas ainda
De possessão, de impulso, de promessa.
Dos seus ombros desprende-se uma espera
Que dividida na tarde se dispersa.

E a luz, as horas, as colinas
São como pranto em torno do seu rosto
Porque ele foi jogado e foi perdido
E no céu passam aves repentinas.

Náufrago

Agora morto oscilas
Ao sabor das correntes
Com medusas em vez de pupilas.

Agora reinas entre imagens puras
Em países transparentes e de vidro,
Sem coração e sem memória
Em todas as presenças diluído.

Agora liberto moras
Na pausa branca dos poemas.
Teu corpo sobe e cai em cada vaga,
Sem nome e sem destino
Na limpidez da água.

Aquele que partiu
Precedendo os próprios passos como um jovem morto
Deixou-nos a esperança.

Ele não ficou para connosco
Destruir com amargas mãos seu próprio rosto.
Intacta é a sua ausência
Como a estátua de um deus
Poupada pelos invasores de uma cidade em ruínas.
Ele não ficou para assistir
À morte da verdade e à vitória do tempo.

Que ao longe
Na mais longínqua praia
Onde só haja espuma sal e vento
Ele se perca tendo-se cumprido
Segundo a lei do seu próprio pensamento.

E que ninguém repita o seu nome proibido.

Este é o tempo
Da selva mais obscura

Até o ar azul se tornou grades
E a luz do sol se tornou impura

Esta é a noite
Densa de chacais
Pesada de amargura

Este é o tempo em que os homens renunciam.

Porque

Porque os outros se mascaram mas tu não
Porque os outros usam a virtude
Para comprar o que não tem perdão.
Porque os outros têm medo mas tu não.

Porque os outros são os túmulos caiados
Onde germina calada a podridão.
Porque os outros se calam mas tu não.

Porque os outros se compram e se vendem
E os seus gestos dão sempre dividendo.
Porque os outros são hábeis mas tu não.

Porque os outros vão à sombra dos abrigos
E tu vais de mãos dadas com os perigos.
Porque os outros calculam mas tu não.

Electra

Os muros da casa dos Manon escorrem sangue
E as árvores do jardim escorrem lágrimas.

O lago busca em vão o reflexo antigo duma infância
Que se tornou homens, mulheres, ódios e armas.

Numa janela aparecem duas mãos torcidas
E nos corredores ressoam as palavras

Da traição, da náusea, da mentira
E o tempo vestido de verde senta-se nas salas.

O rosto de Electra é absurdo.
Ninguém o pediu e não pertence ao jogo.
As suas mãos vingadoras destoam na conversa
Assustam a penumbra e ofendem o pecado.

Marinheiro real

Vem do mar azul o marinheiro
Vem tranquilo ritmado inteiro
Perfeito como um deus,
Alheio às ruas.

Biografia

Tive amigos que morriam, amigos que partiam
Outros quebravam o seu rosto contra o tempo.
Odiei o que era fácil
Procurei-me na luz, no mar, no vento.

Corpo

Corpo serenamente construído
Para uma vida que depois se perde
Em fúria e em desencontro vivido
Contra a pureza inteira dos teus ombros.

Pudesse eu reter-te no espelho
Ausente e mudo a todo outro convívio
Reter o claro nó dos teus joelhos
Que vão rasgando o vidro dos espelhos.

Pudesse eu reter-te nessas tardes
Que desenhavam a linha dos teus flancos
Rodeados pelo ar agradecido.

Corpo brilhante de nudez intensa
Por sucessivas ondas construído
Em colunas assente como um templo.

Poema inspirado nos painéis que Júlio Resende desenhou para o monumento que devia ser construído em Sagres

I

Nenhuma ausência em ti cais da partida.
Movimento ritual, surdo rumor de búzios,
Alegria de ir ver o êxtase do mar
Com suas ondas-cães, seus cavalos,
Suas crinas de vento, seus colares de espuma,
Seus gritos, seus perigos, seus abismos de fogo.

Nenhuma ausência em ti cais da partida,
Impetuosas velas, plenitude do tempo,
Euforia desdobrando os seus gestos na hora luminosa
Do Lusíada que parte para o universo puro
Sem nenhum peso morto, sem nenhum obscuro
Prenúncio de traição sob os seus passos.

II
REGRESSO

Quem cantará vosso regresso morto
Que lágrimas, que grito, hão-de dizer
A desilusão e o peso em vosso corpo?

Portugal tão cansado de morrer
Ininterruptamente e devagar
Enquanto o vento vivo vem do mar

Quem são os vencedores desta agonia?
Quem os senhores sombrios desta noite
Onde se perde morre e se desvia
A antiga linha clara e criadora
Do nosso rosto voltado para o dia?

Nocturno da Graça

Há um rumor de bosque no pequeno jardim
Um rumor de bosque no canto dos cedros
Sob o íman azul da lua cheia
O rio cheio de escamas brilha.
Negra cheia de luzes brilha a cidade alheia.

Brilha a cidade dos anúncios luminosos
Com espiritismo bares cinemas
Com torvas janelas e seus torvos gozos
Brilha a cidade alheia.

Com seus bairros de becos e de escadas
De candeeiros tristes e nostálgicas
Mulheres lavando a loiça em frente das janelas
Ruas densas de gritos abafados
Castanholas de passos pelas esquinas
Viragens chiadas dos carros
Vultos atrás das cortinas
Cíclopes alucinados.

De igreja em igreja batem a hora os sinos
E uma paz de convento ali perdura

Como se a antiga cidade se erguesse das ruínas
Com sua noite trémula de velas
Cheia de aventurança e de sossego.

Mas a cidade alheia brilha
Numa noite insone
De luzes fluorescentes
Numa noite cega surda presa
Onde soluça uma queixa cortada.

Sozinha estou contra a cidade alheia.
Comigo
Sobre o cais sobre o bordel e sobre a rua
Límpido e aceso
O silêncio dos astros continua.

Brisa

Que branca mão na brisa se despede?
Que palavra de amor
A noite de Maio em si recebe e perde?

Desenha-te o luar como uma estátua
Que no tempo não fica

Quem poderá deter
O instante que não pára de morrer?

No poema

No poema ficou o fogo mais secreto
O intenso fogo devorador das coisas
Que esteve sempre muito longe e muito perto.

O CRISTO CIGANO

A palavra faca

A palavra faca
De uso universal
A tornou tão aguda
O poeta João Cabral
Que agora ela aparece
Azul e afiada
No gume do poema
Atravessando a história
Por João Cabral contada.

I
O escultor e a tarde

No meio da tarde
Um homem caminha:
Tudo em suas mãos
Se multiplica e brilha.

O tempo onde ele mora
É completo e denso
Semelhante ao fruto
Interiormente aceso.

No meio da tarde
O escultor caminha:
Por trás de uma porta
Que se abre sozinha
O destino espera.

E depois a porta
Se fecha gemendo
Sobre a Primavera.

II
O destino

O destino eram
Os homens escuros
Que assim lhe disseram:

— Tu esculpirás Seu rosto
 de morte e de agonia.

III
Busca

Pelos campos fora
Caminhava sempre
Como se buscasse
Uma presença ausente.

"Onde estás tu morte?
Não te posso ver:
Neste dia de Maio
Com rosas e trigo
É como se tu não
Vivesses comigo.

A ti me enviaram
És tu meu destino
Mas diante da vida
Eu não te imagino

A ti me enviaram
E sei que me esperas
Mas só oiço a verde
Voz das Primaveras

Onde a tua imagem
Onde o teu retrato
Na manhã tão limpa?

Onde a tua imagem
Onde o teu retrato
Nas tardes serenas
Nos frutos redondos

Nas crianças puras
Nas mulheres criando
Com seus gestos vida?

Onde a tua imagem
Ou o teu retrato
Nas coisas que eu amo?

Onde a tua voz
Ou a tua presença
Na voz deste dia?

Aqui onde habito
Há o sol a pique
O mar descoberto
A noite redonda
O instante infinito.

É verdade que passas
Pela cidade às vezes
Nos caixões de chumbo:

Mas viro o meu rosto
Pois não te compreendo
És um pesadelo
Uma coisa inventada
Que o vento desmente
Com suas mãos frescas
E a luz logo apaga.

Onde a tua imagem
Ou o teu retrato
Nas coisas que eu vejo?

É verdade que passas
Pela cidade às vezes
Com teu vestido roxo
Entre velas e incenso:
Mas eu te renego e o vento te nega
Com suas mãos frescas
E eu não te pertenço.
Meu corpo é do sol
Minh'alma é da terra.

Onde está teu rosto
Ou a raiz de ti
Onde procurar-te?

E como te amarei
Tanto que em meus dedos
Tua imagem floresça
E entre as minhas mãos
O teu rosto apareça?"

IV
O encontro

Redonda era a tarde
Sossegada e lisa
Na margem do rio
Alguém se despia.

Sozinho o cigano
Sozinho na tarde
Na margem do rio

Seu corpo surgia
Brilhante da água
Semelhante à lua
Que se vê de dia

Semelhante à lua
E semelhante ao brilho
De uma faca nua.

Redonda era a tarde.

V
O amor

Não há para mim outro amor nem tardes limpas
A minha própria vida a desertei
Só existe o teu rosto geometria
Clara que sem descanso esculpirei.

E noite onde sem fim me afundarei.

VI
A solidão

A noite abre os seus ângulos de lua
E em todas as paredes te procuro

A noite ergue as suas esquinas azuis
E em todas as esquinas te procuro

A noite abre as suas praças solitárias
E em todas as solidões eu te procuro

Ao longo do rio a noite acende as suas luzes
Roxas verdes azuis.

Eu te procuro.

VII
Trevas

O que foi antigamente manhã limpa
Sereno amor das coisas e da vida
É hoje busca desesperada busca
De um corpo cuja face me é oculta.

VIII
Canção de matar

Do dia nada sei

O teu amor em mim
Está como o gume
De uma faca nua
Ele me atravessa
E atravessa os dias
Ele me divide

Tudo o que em mim vive
Traz dentro uma faca
O teu amor em mim
Que por dentro me corta

      Com uma faca limpa
      Me libertarei
      Do teu sangue que põe
      Na minha alma nódoas

O teu amor em mim
De tudo me separa

No gume de uma faca
O meu viver se corta

Do dia nada sei
E a própria noite azul
Me fecha a sua porta

    Do dia nada sei
    Com uma faca limpa
    Me libertarei.

IX
Morte do cigano

Brancas as paredes viram como se mata
Viram o brilho fantástico da faca
A sua luz de relâmpago e a sua rapidez.

X
Aparição

Devagar devagar um homem morre
Escura no jardim a noite se abre
A noite com miríades de estrelas
Cintilantes límpidas sem mácula

Veloz veloz o sangue foge
Já não ouve cantar o moribundo
Sua interior exaltação antiga
Uma ferida no seu flanco o mata

Somente em sua frente vê paredes
Paredes onde o branco se retrata
Seus olhos devagar ficam de vidro
Uma ferida no seu flanco o mata

Já não tem esplendor nem tem beleza
Já não é semelhante ao sol e à lua
Seu corpo já não lembra uma coluna
É feito de suor o seu vestido
A sua face é dor e morte crua

E devagar devagar o rosto surge
O rosto onde outro rosto se retrata
O rosto desde sempre pressentido
Por aquele que ao viver o mata

Seus traços seu perfil mostra
A morte como um escultor
Os traços e o perfil
Da semelhança interior.

XI
Final

Assim termina a lenda
Daquele escultor:
Nem pedra nem planta
Nem jardim nem flor
Foram seu modelo.

Sevilha/ Lisboa, 1959

DE *LIVRO SEXTO*

Algarve

1

A luz mais que pura
Sobre a terra seca

2

Eu quero o canto o ar a anémona a medusa
O recorte das pedras sobre o mar

3

Um homem sobe o monte desenhando
A tarde transparente das aranhas

4

A luz mais que pura
Quebra a sua lança

Barcos

Um por um para o mar passam os barcos
Passam em frente de promontórios e terraços
Cortando as águas lisas como um chão

E todos os deuses são de novo nomeados
Para além das ruínas dos seus templos

Reino

Reino de medusas e água lisa
Reino de silêncio luz e pedra
Habitação das formas espantosas
Coluna de sal e círculo de luz
Medida da Balança misteriosa

Musa

Musa ensina-me o canto
Venerável e antigo
O canto para todos
Por todos entendido

Musa ensina-me o canto
O justo irmão das coisas
Incendiador da noite
E na tarde secreto

Musa ensina-me o canto
Em que eu mesma regresso
Sem demora e sem pressa
Tornada planta ou pedra

Ou tornada parede
Da casa primitiva
Ou tornada o murmúrio
Do mar que a cercava

(Eu me lembro do chão
De madeira lavada

E do seu perfume
Que me atravessava)

Musa ensina-me o canto
Onde o mar respira
Coberto de brilhos
Musa ensina-me o canto
Da janela quadrada
E do quarto branco

Que eu possa dizer como
A tarde ali tocava
Na mesa e na porta
No espelho e no copo
E como os rodeava

Pois o tempo me corta
O tempo me divide
O tempo me atravessa
E me separa viva
Do chão e da parede
Da casa primitiva

Musa ensina-me o canto
Venerável e antigo
Para prender o brilho
Dessa manhã polida
Que poisava na duna
Docemente os seus dedos
E caiava as paredes
Da casa limpa e branca

Musa ensina-me o canto
Que me corta a garganta

Manhã

Como um fruto que mostra
Aberto pelo meio
A frescura do centro

Assim é a manhã
Dentro da qual eu entro

As grutas

O esplendor poisava solene sobre o mar. E — entre as duas pedras erguidas numa relação tão justa que é talvez ali o lugar da Balança onde o equilíbrio do homem com as coisas é medido — quase me cega a perfeição como um sol olhado de frente. Mas logo as águas verdes em sua transparência me diluem e eu mergulho tocando o silêncio azul e rápido dos peixes. Porém a beleza não é só solene mas também inumerável. De forma em forma vejo o mundo nascer e ser criado. Um grande rascasso vermelho passa em frente de mim que nunca antes o imaginara. Limpa, a luz recorta promontórios e rochedos. É tudo igual a um sonho extremamente lúcido e acordado. Sem dúvida um novo mundo nos pede novas palavras, porém é tão grande o silêncio e tão clara a transparência que eu muda encosto a minha cara na superfície das águas lisas como um chão.

As imagens atravessam os meus olhos e caminham para além de mim. Talvez eu vá ficando igual à almadilha da qual os pescadores dizem ser apenas água.

Estarão as coisas deslumbradas de ser elas? Quem me trouxe finalmente a este lugar? Ressoa a vaga no interior da gruta rouca e a maré retirando deixou redondo e doirado o quarto de areia e pedra. No centro da manhã, no centro do círculo do ar e do mar, no alto do penedo, no alto da coluna está poisada a rola branca do mar. Desertas surgem as pequenas praias.

Um fio invisível de deslumbrado espanto me guia de gruta em gruta. Eis o mar e a luz vistos por dentro. Terror de penetrar na habitação secreta da beleza, terror de ver o que nem em sonhos eu ousara ver, terror de olhar de frente as imagens mais interiores a mim do que o meu próprio pensamento. Deslizam os meus ombros cercados de água e plantas roxas. Atravesso gargantas de pedra e a arquitectura do labirinto paira roída sobre o verde. Colunas de sombra e luz suportam céu e terra. As anémonas rodeiam a grande sala de água onde os meus dedos tocam a areia rosada do fundo. E abro bem os olhos no silêncio líquido e verde onde rápidos, rápidos fogem de mim os peixes. Arcos e rosáceas suportam e desenham a claridade dos espaços matutinos. Os palácios do rei do mar escorrem luz e água. Esta manhã é igual ao princípio do mundo e aqui eu venho ver o que jamais se viu.

O meu olhar tornou-se liso como um vidro. Sirvo para que as coisas se vejam.

E eis que entro na gruta mais interior e mais cavada. Sombrias e azuis são águas e paredes. Eu queria poisar como uma rosa sobre o mar o meu amor neste silêncio. Quereria que o contivesse para sempre o círculo de espanto e de medusas. Aqui um líquido sol fosforescente e verde irrompe dos abismos e surge em suas portas.

Mas já no mar exterior a luz rodeia a Balança. A linha das águas é lisa e limpa como um vidro. O azul recorta os promontórios aureolados de glória matinal. Tudo está vestido de solenidade e de nudez. Ali eu queria chorar de gratidão com a cara encostada contra as pedras.

Ressurgiremos

Ressurgiremos ainda sob os muros de Cnossos
E em Delphos centro do mundo
Ressurgiremos ainda na dura luz de Creta

Ressurgiremos ali onde as palavras
São o nome das coisas
E onde são claros e vivos os contornos
Na aguda luz de Creta

Ressurgiremos ali onde pedra estrela e tempo
São o reino do homem
Ressurgiremos para olhar para a terra de frente
Na luz limpa de Creta

Pois convém tornar claro o coração do homem
E erguer a negra exactidão da cruz
Na luz branca de Creta

A estrela

Eu caminhei na noite
Entre silêncio e frio
Só uma estrela secreta me guiava

Grandes perigos na noite me apareceram
Da minha estrela julguei que eu a julgara
Verdadeira sendo ela só reflexo
De uma cidade a néon enfeitada

A minha solidão me pareceu coroa
Sinal de perfeição em minha fronte
Mas vi quando no vento me humilhava
Que a coroa que eu levava era de um ferro
Tão pesado que toda me dobrava

Do frio das montanhas eu pensei
"Minha pureza me cerca e me rodeia"
Porém meu pensamento apodreceu
E a pureza das coisas cintilava
E eu vi que a limpidez não era eu

E a fraqueza da carne e a miragem do espírito
Em monstruosa voz se transformaram
Disse às pedras do monte que falassem
Mas elas como pedras se calaram
Sozinha me vi delirante e perdida
E uma estrela serena me espantava

E eu caminhei na noite minha sombra
De desmedidos gestos me cercava
Silêncio e medo
Nos confins desolados caminhavam
Então eu vi chegar ao meu encontro
Aqueles que uma estrela iluminava

E assim eles disseram: "Vem connosco
Se também vens seguindo aquela estrela"
Então soube que a estrela que eu seguia
Era real e não imaginada

Grandes noites redondas nos cercaram
Grandes brumas miragens nos mostraram
Grandes silêncios de ecos vagabundos
Em direcções distantes nos chamaram
E a sombra dos três homens sobre a terra
Ao lado dos meus passos caminhava
E eu espantada vi que aquela estrela
Para a cidade dos homens nos guiava

E a estrela do céu parou em cima
De uma rua sem cor e sem beleza

Onde a luz tinha a cor que tem a cinza
Longe do verde azul da natureza

Ali não vi as coisas que eu amava
Nem o brilho do sol nem o da água

Ao lado do hospital e da prisão
Entre o agiota e o templo profanado
Onde a rua é mais triste e mais sozinha
E onde tudo parece abandonado
Um lugar pela estrela foi marcado

Nesse lugar pensei: "Quanto deserto
Atravessei para encontrar aquilo
Que morava entre os homens e tão perto"

No poema

Transferir o quadro o muro a brisa
A flor o copo o brilho da madeira
E a fria e virgem liquidez da água
Para o mundo do poema limpo e rigoroso

Preservar de decadência morte e ruína
O instante real de aparição e de surpresa
Guardar num mundo claro
O gesto claro da mão tocando a mesa

Inscrição

Quando eu morrer voltarei para buscar
Os instantes que não vivi junto do mar

Para atravessar contigo o deserto do mundo

Para atravessar contigo o deserto do mundo
Para enfrentarmos juntos o terror da morte
Para ver a verdade para perder o medo
Ao lado dos teus passos caminhei

Por ti deixei meu reino meu segredo
Minha rápida noite meu silêncio
Minha pérola redonda e seu oriente
Meu espelho minha vida minha imagem
E abandonei os jardins do paraíso

Cá fora à luz sem véu do dia duro
Sem os espelhos vi que estava nua
E ao descampado se chamava tempo

Por isso com teus gestos me vestiste
E aprendi a viver em pleno vento

Fernando Pessoa

Teu canto justo que desdenha as sombras
Limpo de vida viúvo de pessoa
Teu corajoso ousar não ser ninguém
Tua navegação com bússola e sem astros
No mar indefinido
Teu exacto conhecimento impossessivo

Criaram teu poema arquitectura
E és semelhante a um deus de quatro rostos
E és semelhante a um deus de muitos nomes
Cariátide de ausência isento de destinos
Invocando a presença já perdida
E dizendo sobre a fuga dos caminhos
Que foste como as ervas não colhidas

Carta aos amigos mortos

Eis que morrestes — agora já não bate
O vosso coração cujo bater
Dava ritmo e esperança ao meu viver
Agora estais perdidos para mim
— O olhar não atravessa esta distância —
Nem irei procurar-vos pois não sou
Orpheu tendo escolhido para mim
Estar presente aqui onde estou viva
Eu vos desejo a paz nesse caminho
Fora do mundo que respiro e vejo
Porém aqui eu escolhi viver
Nada me resta senão olhar de frente
Neste país de dor e incerteza
Aqui eu escolhi permanecer
Onde a visão é dura e mais difícil

Aqui me resta apenas fazer frente
Ao rosto sujo de ódio e de injustiça
A lucidez me serve para ver
A cidade a cair muro por muro
E as faces a morrerem uma a uma

E a morte que me corta ela me ensina
Que o sinal do homem não é uma coluna

E eu vos peço por este amor cortado
Que vos lembreis de mim lá onde o amor
Já não pode morrer nem ser quebrado
Que o vosso coração que já não bate
O tempo denso de sangue e de saudade
Mas vive a perfeição da claridade
Se compadeça de mim e de meu pranto
Se compadeça de mim e de meu canto

Dia

Meu rosto se mistura com o dia
Nuvens telhados ramagens e Dezembro
Apaixonada estou dentro do tempo
Que me abriga com canto e com imagens

Tão abrigada estou dentro da hora
Que nem lamento já a tarde antiga
Tudo se torna presente e se demora
Será que o dia me pede que eu o diga?

O hospital e a praia

E eu caminhei no hospital
Onde o branco é desolado e sujo
Onde o branco é a cor que fica onde não há cor
E onde a luz é cinza

E eu caminhei nas praias e nos campos
O azul do mar e o roxo da distância
Enrolei-os em redor do meu pescoço
Caminhei na praia quase livre como um deus

Não perguntei por ti à pedra meu Senhor
Nem me lembrei de ti bebendo o vento
O vento era vento e a pedra pedra
E isso inteiramente me bastava

E nos espaços da manhã marinha
Quase livre como um deus eu caminhava

E todo o dia vivi como uma cega

Porém no hospital eu vi o rosto
Que não é pinheiral nem é rochedo

E vi a luz como cinza na parede
E vi a dor absurda e desmedida

Pranto pelo dia de hoje

Nunca choraremos bastante quando vemos
O gesto criador ser impedido
Nunca choraremos bastante quando vemos
Que quem ousa lutar é destruído
Por troças por insídias por venenos
E por outras maneiras que sabemos
Tão sábias tão subtis e tão peritas
Que nem podem sequer ser bem descritas

Exílio

Quando a pátria que temos não a temos
Perdida por silêncio e por renúncia
Até a voz do mar se torna exílio
E a luz que nos rodeia é como grades

Data

(à maneira d'Eustache Deschamps)

Tempo de solidão e de incerteza
Tempo de medo e tempo de traição
Tempo de injustiça e de vileza
Tempo de negação

Tempo de covardia e tempo de ira
Tempo de mascarada e de mentira
Tempo que mata quem o denuncia
Tempo de escravidão

Tempo dos coniventes sem cadastro
Tempo de silêncio e de mordaça
Tempo onde o sangue não tem rastro
Tempo de ameaça

As pessoas sensíveis

As pessoas sensíveis não são capazes
De matar galinhas
Porém são capazes
De comer galinhas

O dinheiro cheira a pobre e cheira
À roupa do seu corpo
Aquela roupa
Que depois da chuva secou sobre o corpo
Porque não tinham outra
O dinheiro cheira a pobre e cheira
A roupa
Que depois do suor não foi lavada
Porque não tinham outra

"Ganharás o pão com o suor do teu rosto"
Assim nos foi imposto
E não:
"Com o suor dos outros ganharás o pão"

Ó vendilhões do templo
Ó construtores

Das grandes estátuas balofas e pesadas
Ó cheios de devoção e de proveito

Perdoai-lhes Senhor
Porque eles sabem o que fazem

O super-homem

Onde está ele o super-homem? Onde?
— Encontrei-o na rua ia sozinho
Não via a dor nem a pedra nem o vento
Sua loucura e sua irrealidade
Lhe serviam de espelho e de alimento

O velho abutre

O velho abutre é sábio e alisa as suas penas
A podridão lhe agrada e seus discursos
Têm o dom de tornar as almas mais pequenas

DE *GEOGRAFIA*

Ingrina

O grito da cigarra ergue a tarde a seu cimo e o perfume do orégão invade a felicidade. Perdi a minha memória da morte da lacuna da perca do desastre. A omnipotência do sol rege a minha vida enquanto me recomeço em cada coisa. Por isso trouxe comigo o lírio da pequena praia. Ali se erguia intacta a coluna do primeiro dia — e vi o mar reflectido no seu primeiro espelho. Ingrina.

É esse o tempo a que regresso no perfume do orégão, no grito da cigarra, na omnipotência do sol. Os meus passos escutam o chão enquanto a alegria do encontro me desaltera e sacia. O meu reino é meu como um vestido que me serve. E sobre a areia sobre a cal e sobre a pedra escrevo: nesta manhã eu recomeço o mundo.

Mundo nomeado ou descoberta das ilhas

Iam de cabo em cabo nomeando
Baías promontórios enseadas:
Encostas e praias surgiam
Como sendo chamadas

E as coisas mergulhadas no sem-nome
Da sua própria ausência regressadas
Uma por uma ao seu nome respondiam
Como sendo criadas

Procelária

É vista quando há vento e grande vaga
Ela faz o ninho no rolar da fúria
E voa firme e certa como bala

As suas asas empresta à tempestade
Quando os leões do mar rugem nas grutas
Sobre os abismos passa e vai em frente

Ela não busca a rocha o cabo o cais
Mas faz da insegurança sua força
E do risco de morrer seu alimento

Por isso me parece imagem justa
Para quem vive e canta no mau tempo

Cidade dos outros

Uma terrível atroz imensa
Desonestidade
Cobre a cidade

Há um murmúrio de combinações
Uma telegrafia
Sem gestos sem sinais sem fios

O mal procura o mal e ambos se entendem
Compram e vendem

E com um sabor a coisa morta
A cidade dos outros
Bate à nossa porta

Eu me perdi

Eu me perdi na sordidez de um mundo
Onde era preciso ser
Polícia agiota fariseu
Ou cocote

Eu me perdi na sordidez do mundo
Eu me salvei na limpidez da terra

Eu me busquei no vento e me encontrei no mar
E nunca
Um navio da costa se afastou
Sem me levar

Esta gente

Esta gente cujo rosto
Às vezes luminoso
E outras vezes tosco

Ora me lembra escravos
Ora me lembra reis

Faz renascer meu gosto
De luta e de combate
Contra o abutre e a cobra
O porco e o milhafre

Pois a gente que tem
O rosto desenhado
Por paciência e fome
É a gente em quem
Um país ocupado
Escreve o seu nome

E em frente desta gente
Ignorada e pisada
Como a pedra do chão

E mais do que a pedra
Humilhada e calcada

Meu canto se renova
E recomeço a busca
De um país liberto
De uma vida limpa
E de um tempo justo

Túmulo de Lorca

Em ti choramos os outros mortos todos
Os que foram fuzilados em vigílias sem data
Os que se perdem sem nome na sombra das cadeias
Tão ignorados que nem sequer podemos
Perguntar por eles imaginar seu rosto
Choramos sem consolação aqueles que sucumbem
Entre os cornos da raiva sob o peso da força

Não podemos aceitar. O teu sangue não seca
Não repousamos em paz na tua morte
A hora da tua morte continua próxima e veemente
E a terra onde abriram a tua sepultura
É semelhante à ferida que não fecha

O teu sangue não encontrou nem foz nem saída
De Norte a Sul de Leste a Oeste
Estamos vivendo afogados no teu sangue
A lisa cal de cada muro branco
Escreve que tu foste assassinado

Não podemos aceitar. O processo não cessa
Pois nem tu foste poupado à patada da besta

A noite não pode beber nossa tristeza
E por mais que te escondam não ficas sepultado

Quadrado

Deixai-me com a sombra
Pensada na parede
Deixai-me com a luz
Medida no meu ombro
Em frente do quadrado
Nocturno da janela

A noite e a casa

A noite reúne a casa ao seu silêncio
Desde o alicerce desde o fundamento
Até à flor imóvel
Apenas se ouve bater o relógio do tempo

A noite reúne a casa a seu destino

Nada agora se dispersa se divide
Tudo está como o cipreste atento

O vazio caminha em seus espaços vivos

Assim o amor

Assim o amor
Espantando meu olhar com teus cabelos
Espantando meu olhar com teus cavalos
E grandes praias fluidas avenidas
Tardes que oscilavam demoradas
E um confuso rumor de obscuras vidas
E o tempo sentado no limiar dos campos
Com seu fuso sua faca e seus novelos

Em vão busquei eterna luz precisa

A flauta

No canto do quarto a sombra tocou sua pequena flauta
Foi então que me lembrei de cisternas e medusas
E do brilho mortal da praia nua

Estava o anel da noite solenemente posto no meu dedo
E a navegação do silêncio continuou sua viagem
                                        [antiquíssima

No deserto

Metade de mim cavalo de mim mesma eu te domino
Eu te debelo com espora e rédea

Para que não te percas nas cidades mortas
Para que não te percas
Nem nos comércios de Babilónia
Nem nos ritos sangrentos de Nínive

Eu aponto o teu nariz para o deserto limpo
Para o perfume limpo do deserto
Para a sua solidão de extremo a extremo

Por isso te debelo te combato te domino
E o freio te corta a espora te fere a rédea te retém

Para poder soltar-te livre no deserto
Onde não somos nós dois mas só um mesmo
No deserto limpo com seu perfume de astros
Na grande claridade limpa do deserto
No espaço interior de cada poema
Luz e fogo perdidos mas tão perto
Onde não somos nós dois mas só um mesmo

O filho pródigo

Banido da tua herança
Dispersaste as tuas forças contra os enganos da terra
Comendo o pão magro das sementeiras devastadas —
Até que viraste os teus passos para o avesso:
Filho pródigo que nenhum pai esperava em seu regresso

Os espelhos

Os espelhos acendem o seu brilho todo o dia
Nunca são baços
E mesmo sob a pálpebra da treva
Sua lisa pupila cintila e fita
Como a pupila do gato
Eles nos reflectem. Nunca nos decoram

Porém é só na penumbra da hora tardia
Quando a imobilidade se instaura no centro do silêncio
Que à tona dos espelhos aflora
A luz que os habita e nos apaga:
Luz arrancada
Ao interior de um fogo frio e vítreo

Acaia

Aqui despi meu vestido de exílio
E sacudi de meus passos a poeira do desencontro

No Golfo de Corinto

No Golfo de Corinto
A respiração dos deuses é visível:
É um arco um halo uma nuvem
Em redor das montanhas e das ilhas
Como um céu mais intenso e deslumbrado

E também o cheiro dos deuses invade as estradas
É um cheiro a resina a mel e a fruta
Onde se desenham grandes corpos lisos e brilhantes
Sem dor sem suor sem pranto
Sem a menor ruga de tempo

E uma luz cor de amora no poente se espalha
É o sangue dos deuses imortal e secreto
Que se une ao nosso sangue e com ele batalha

Epidauro

O cardo floresce na claridade do dia. Na doçura do dia se abre o figo. Eis o país do exterior onde cada coisa é:

    trazida à luz
    trazida à liberdade da luz
    trazida ao espanto da luz

Eis-me vestida de sol e de silêncio. Gritei para destruir o Minotauro e o palácio. Gritei para destruir a sombra azul do Minotauro. Porque ele é insaciável. Ele come dia após dia os anos da nossa vida. Bebe o sacrifício sangrento dos nossos dias. Come o sabor do nosso pão a nossa alegria do mar. Pode ser que tome a forma de um polvo como nos vasos de Cnossos. Então dirá que é o abismo do mar e a multiplicidade do real. Então dirá que é duplo. Que pode tornar-se pedra com a pedra alga com a alga. Que pode dobrar-se que pode desdobrar-se. Que os seus braços rodeiam. Que é circular. Mas de súbito verás que é um homem que traz em si próprio a violência do toiro.

Só poderás ser liberta aqui na manhã d'Epidauro. Onde o ar toca o teu rosto para te reconhecer e a doçura da luz te parece imortal. A tua voz subirá sozinha as escadas de pedra pálida. E ao teu encontro regressará a teoria ordenada das sílabas — portadoras limpas da serenidade.

Vila Adriana

A ânfora cria à sua roda um espaço de silêncio
Como aquela
Tarde de outono sob os pinheiros da Vila Adriana

Tempo da fina areia agudamente medido
Os séculos derrubaram estátuas e paredes
Eu destruída serei por breves anos

Mas de repente recupero a antiga
Divindade do ar entre as colunas

Ítaca

Quando as luzes da noite se reflectirem imóveis nas águas
                                        [verdes de Brindisi
Deixarás o cais confuso onde se agitam palavras passos
                                        [remos e guindastes
A alegria estará em ti acesa como um fruto
Irás à proa entre os negrumes da noite
Sem nenhum vento sem nenhuma brisa só um sussurrar
                                        [de búzio no silêncio
Mas pelo súbito balanço pressentirás os cabos
Quando o barco rolar na escuridão fechada
Estarás perdida no interior da noite no respirar do mar
Porque esta é a vigília de um segundo nascimento

O sol rente ao mar te acordará no intenso azul
Subirás devagar como os ressuscitados
Terás recuperado o teu selo a tua sabedoria inicial
Emergirás confirmada e reunida
Espantada e jovem como as estátuas arcaicas
Com os gestos enrolados ainda nas dobras do teu manto

Descobrimento

Um oceano de músculos verdes
Um ídolo de muitos braços como um polvo
Caos incorruptível que irrompe
E tumulto ordenado
Bailarino contorcido
Em redor dos navios esticados

Atravessamos fileiras de cavalos
Que sacudiam suas crinas nos alísios

O mar tornou-se de repente muito novo e muito antigo
Para mostrar as praias
E um povo
De homens recém-criados ainda cor de barro
Ainda nus ainda deslumbrados

Manuel Bandeira

Este poeta está
Do outro lado do mar
Mas reconheço a sua voz há muitos anos
E digo ao silêncio os seus versos devagar

Relembrando
O antigo jovem tempo tempo quando
Pelos sombrios corredores da casa antiga
Nas solenes penumbras do silêncio
Eu recitava
"As três mulheres do sabonete Araxá"
E minha avó se espantava

Manuel Bandeira era o maior espanto da minha avó
Quando em manhãs intactas e perdidas
No quarto já então pleno de futura
Saudade
Eu lia
A canção do "Trem de ferro"
E o "Poema do beco"

Tempo antigo lembrança demorada
Quando deixei uma tesoura esquecida nos ramos da
                                    [cerejeira
Quando
Me sentava nos bancos pintados de fresco
E no Junho inquieto e transparente
As três mulheres do sabonete Araxá
Me acompanhavam
Tão visíveis
Que um eléctrico amarelo as decepava

Estes poemas caminharam comigo e com a brisa
Nos passeados campos da minha juventude
Estes poemas poisaram a sua mão sobre o meu ombro
E foram parte do tempo respirado

Brasília

a Gelsa e Álvaro Ribeiro da Costa

Brasília
Desenhada por Lúcio Costa Niemeyer e Pitágoras
Lógica e lírica
Grega e brasileira
Ecuménica
Propondo aos homens de todas as raças
A essência universal das formas justas

Brasília despojada e lunar como a alma de um poeta
                              [muito jovem
Nítida como Babilónia
Esguia como um fuste de palmeira
Sobre a lisa página do planalto
A arquitectura escreveu a sua própria paisagem

O Brasil emergiu do barroco e encontrou o seu número

No centro do reino de Ártemis
— Deusa da natureza inviolada —
No extremo da caminhada dos Candangos
No extremo da nostalgia dos Candangos
Athena ergueu sua cidade de cimento e vidro

Athena ergueu sua cidade ordenada e clara como um
[pensamento

E há no arranha-céus uma finura delicada de coqueiro

Poema de Helena Lanari

Gosto de ouvir o português do Brasil
Onde as palavras recuperam sua substância total
Concretas como frutos nítidas como pássaros
Gosto de ouvir a palavra com suas sílabas todas
Sem perder sequer um quinto de vogal

Quando Helena Lanari dizia o "coqueiro"
O coqueiro ficava muito mais vegetal

Da transparência

Senhor libertai-nos do jogo perigoso da transparência
No fundo do mar da nossa alma não há corais nem búzios
Mas sufocado sonho
E não sabemos bem que coisa são os sonhos
Condutores silenciosos canto surdo
Que um dia subitamente emergem
No grande pátio liso dos desastres

Poema

A minha vida é o mar o Abril a rua
O meu interior é uma atenção voltada para fora
O meu viver escuta
A frase que de coisa em coisa silabada
Grava no espaço e no tempo a sua escrita

Não trago Deus em mim mas no mundo o procuro
Sabendo que o real o mostrará

Não tenho explicações
Olho e confronto
E por método é nu meu pensamento

A terra o sol o vento o mar
São minha biografia e são meu rosto

Por isso não me peçam cartão de identidade
Pois nenhum outro senão o mundo tenho
Não me peçam opiniões nem entrevistas
Não me perguntem datas nem moradas
De tudo quanto vejo me acrescento

E a hora da minha morte aflora lentamente
Cada dia preparada

DE *DUAL*

A casa

A casa que eu amei foi destroçada
A morte caminha no sossego do jardim
A vida sussurrada na folhagem
Subitamente quebrou-se não é minha

Eurydice

O teu rosto era mais antigo do que todos os navios
No gesto branco das tuas mãos de pedra
Ondas erguiam seu quebrar de pulso
Em ti eu celebrei minha união com a terra

Em nome

Em nome da tua ausência
Construí com loucura uma grande casa branca
E ao longo das paredes te chorei

DELPHICA

II

Esse que humano foi como um deus grego
Que harmonia do cosmos manifesta
Não só em sua mão e sua testa
Mas em seu pensamento e seu apego

Àquele amor inteiro e nunca cego
Que emergia da praia e da floresta
Na secreta nostalgia de uma festa
Trespassada de espanto e de segredo

Agora jaz sem fonte e sem projecto
Quebrou-se o templo actual antigo e puro
De que ele foi medida e arquitecto

Python venceu Apolo num frontão obscuro
Quebrada foi desde seu eixo recto
A construção possível do futuro

vi (Antinoos de Delphos)

Tua face taurina tua testa baixa
Teus cabelos em anel que sacudias como crina
Teu torso inchado de ar como uma vela
Teu queixo redondo tua boca pesada
Tua pesada beleza
Teu meio-dia nocturno
Tua herança dos deuses que no Nilo afogaste
Tua unidade inteira com teu corpo
Num silêncio de sol obstinado
Agora são de pedra no museu de Delphos
Onde montanhas te rodeiam como incenso
Entre o austero Auriga e a arquitrave quebrada

Delphos, Maio de 1970

HOMENAGEM A RICARDO REIS

I

Não creias, Lídia, que nenhum estio
Por nós perdido possa regressar
      Oferecendo a flor
      Que adiámos colher.

Cada dia te é dado uma só vez
E no redondo círculo da noite
      Não existe piedade
      Para aquele que hesita.

Mais tarde será tarde e já é tarde.
O tempo apaga tudo menos esse
      Longo indelével rasto
      Que o não-vivido deixa.

Não creias na demora em que te medes.
Jamais se detém Kronos cujo passo
      Vai sempre mais à frente
      Do que o teu próprio passo.

Dual

Dois cavalos a par eu conduzia
Não me guiava a mim mas meus cavalos

E no país de espanto e de tumulto
Em mim se desuniu o que eu unia

Manhã de outono num palácio de Sintra

Um brilho de azulejo e de folhagem
Povoa o palácio que um jovem rei trocou
Pela morte frontal no descampado

Ele não quis ouvir o alaúde dos dias
Seu ombro sacudiu a frescura das salas
Sua mão rejeitou o sussurro das águas

Mas o pequeno palácio é nítido — sem nenhum fantasma —
Sua sombra é clara como a sombra de um palmar
No seu pátio canta um alvoroço de início
Em suas águas brilha a juventude do tempo

Inicial

O mar azul e branco e as luzidias
Pedras — O arfado espaço
Onde o que está lavado se relava
Para o rito do espanto e do começo
Onde sou a mim mesma devolvida
Em sal espuma e concha regressada
À praia inicial da minha vida

Estrada

Passo muito depressa no país de Caeiro
Pelas rectas da estrada como se voasse
Mas cada coisa surge nomeada
Clara e nítida
Como se a mão do instante a recortasse

Fechei à chave

Fechei à chave todos os meus cavalos
A chave perdi-a no correr de um rio
Que me levou para o mar de longas crinas
Onde o caos recomeça — incorruptível

Musa

Aqui me sentei quieta
Com as mãos sobre os joelhos
Quieta muda secreta
Passiva como os espelhos

Musa ensina-me o canto
Imanente e latente
Eu quero ouvir devagar
O teu súbito falar
Que me foge de repente

Em Hydra, evocando
Fernando Pessoa

Quando na manhã de Junho o navio ancorou em Hydra
(E foi pelo som do cabo a descer que eu soube que
                                       [ancorava)
Saí da cabine e debrucei-me ávida
Sobre o rosto do real — mais preciso e mais novo do que
                                           [o imaginado

Ante a meticulosa limpidez dessa manhã num porto
Ante a meticulosa limpidez dessa manhã num porto de
                                        [uma ilha grega
Murmurei o teu nome
O teu ambíguo nome

Invoquei a tua sombra transparente e solene
Como esguia mastreação de veleiro
E acreditei firmemente que tu vias a manhã
Porque a tua alma foi visual até aos ossos
Impessoal até aos ossos
Segundo a lei de máscara do teu nome

Odysseus — Persona

Pois de ilha em ilha todo te percorreste
Desde a praia onde se erguia uma palmeira chamada
                                       [Nausikaa
Até às rochas negras onde reina o cantar estridente das
                                       [sereias

O casario de Hydra vê-se nas águas
A tua ausência emerge de repente a meu lado no deck
                                     [deste barco
E vem comigo pelas ruas onde procuro alguém

Imagino que viajasses neste barco
Alheio ao rumor secundário dos turistas
Atento à rápida alegria dos golfinhos

Por entre o desdobrado azul dos arquipélagos
Estendido à popa sob o voo incrível
Das gaivotas de que o sol espalha impetuosas pétalas

Nas ruínas de Epheso na avenida que desce até onde
                                     [esteve o mar
Ele estava à esquerda entre colunas imperiais quebradas
Disse-me que tinha conhecido todos os deuses
E que tinha corrido as sete partidas
O seu rosto era belo e gasto como o rosto de uma estátua
                                     [roída pelo mar

Odysseus

Mesmo que me prometas a imortalidade voltarei para casa

Onde estão as coisas que plantei e fiz crescer
Onde estão as paredes que pintei de branco

Há na manhã de Hydra uma claridade que é tua
Há nas coisas de Hydra uma concisão visual que é tua
Há nas coisas de Hydra a nitidez que penetra aquilo que é
                                        [olhado por um deus
Aquilo que o olhar de um deus tornou impetuosamente
                                              [presente —
Na manhã de Hydra
No café da praça em frente ao cais vi sobre as mesas
Uma disponibilidade transparente e nua
Que te pertence

O teu destino deveria ter passado neste porto
Onde tudo se torna impessoal e livre
Onde tudo é divino como convém ao real

Hydra, Junho de 1970

O Minotauro

Em Creta
Onde o Minotauro reina
Banhei-me no mar

Há uma rápida dança que se dança em frente de um toiro
Na antiquíssima juventude do dia

Nenhuma droga me embriagou me escondeu me protegeu
Só bebi retsina tendo derramado na terra a parte que
                              [pertence aos deuses

De Creta
Enfeitei-me de flores e mastiguei o amargo vivo das ervas
Para inteiramente acordada comungar a terra
De Creta
Beijei o chão como Ulisses
Caminhei na luz nua

Devastada era eu própria como a cidade em ruína
Que ninguém reconstruiu
Mas no sol dos meus pátios vazios
A fúria reina intacta

E penetra comigo no interior do mar
Porque pertenço à raça daqueles que mergulham de olhos
[abertos
E reconhecem o abismo pedra a pedra anémona a
[anémona flor a flor
E o mar de Creta por dentro é todo azul
Oferenda incrível de primordial alegria
Onde o sombrio Minotauro navega

Pinturas ondas colunas e planícies
Em Creta
Inteiramente acordada atravessei o dia
E caminhei no interior dos palácios veementes e vermelhos
Palácios sucessivos e roucos
Onde se ergue o respirar de sussurrada treva
E nos fitam pupilas semi-azuis de penumbra e terror
Imanentes ao dia —
Caminhei no palácio dual de combate e confronto
Onde o Príncipe dos Lírios ergue os seus gestos matinais

Nenhuma droga me embriagou me escondeu me protegeu
O Dionysos que dança comigo na vaga não se vende em
[nenhum mercado negro
Mas cresce como flor daqueles cujo ser
Sem cessar se busca e se perde se desune e se reúne
E esta é a dança do ser

Em Creta
Os muros de tijolo da cidade minóica
São feitos de barro amassado com algas

E quando me virei para trás da minha sombra
Vi que era azul o sol que tocava o meu ombro

Em Creta onde o Minotauro reina atravessei a vaga
De olhos abertos inteiramente acordada
Sem drogas e sem filtro
Só vinho bebido em frente da solenidade das coisas —
Porque pertenço à raça daqueles que percorrem o
                                              [labirinto
Sem jamais perderem o fio de linho da palavra

Outubro de 1970

O efebo

Claro e esguiamente medido como a amphora
Como a amphora
Ele contém um vinho intenso e resinado
A lucidez da sua forma oculta a embriaguez
A sua claridade conduz-nos ao encontro da noite
A sua rectidão de coluna preside à imanência dos desastres

Os gregos

Aos deuses supúnhamos uma existência cintilante
Consubstancial ao mar à nuvem ao arvoredo à luz
Neles o longo friso branco das espumas o tremular da vaga
A verdura sussurrada e secreta do bosque o oiro erecto do
[trigo
O meandro do rio o fogo solene da montanha
E a grande abóbada do ar sonoro e leve e livre
Emergiam em consciência que se vê
Sem que se perdesse o um-boda-e-festa do primeiro dia —
Esta existência desejávamos para nós próprios homens
Por isso repetíamos os gestos rituais que restabelecem
O estar-ser-inteiro inicial das coisas —
Isto nos tornou atentos a todas as formas que a luz do sol
[conhece
E também à treva interior por que somos habitados
E dentro da qual navega indicível o brilho

A paz sem vencedor e sem vencidos

Dai-nos Senhor a paz que vos pedimos
A paz sem vencedor e sem vencidos
Que o tempo que nos deste seja um novo
Recomeço de esperança e de justiça
Dai-nos Senhor a paz que vos pedimos

A paz sem vencedor e sem vencidos

Erguei o nosso ser à transparência
Para podermos ler melhor a vida
Para entendermos vosso mandamento
Para que venha a nós o vosso reino
Dai-nos Senhor a paz que vos pedimos

A paz sem vencedor e sem vencidos

Fazei Senhor que a paz seja de todos
Dai-nos a paz que nasce da verdade
Dai-nos a paz que nasce da justiça
Dai-nos a paz chamada liberdade
Dai-nos Senhor a paz que vos pedimos

A paz sem vencedor e sem vencidos

Camões e a tença

Irás ao Paço. Irás pedir que a tença
Seja paga na data combinada
Este país te mata lentamente
País que tu chamaste e não responde
País que tu nomeias e não nasce

Em tua perdição se conjuraram
Calúnias desamor inveja ardente
E sempre os inimigos sobejaram
A quem ousou seu ser inteiramente

E aqueles que invocaste não te viram
Porque estavam curvados e dobrados
Pela paciência cuja mão de cinza
Tinha apagado os olhos no seu rosto

Irás ao Paço irás pacientemente
Pois não te pedem canto mas paciência

Este país te mata lentamente

Retrato de uma princesa desconhecida

Para que ela tivesse um pescoço tão fino
Para que os seus pulsos tivessem um quebrar de caule
Para que os seus olhos fossem tão frontais e limpos
Para que a sua espinha fosse tão direita
E ela usasse a cabeça tão erguida
Com uma tão simples claridade sobre a testa
Foram necessárias sucessivas gerações de escravos
De corpo dobrado e grossas mãos pacientes
Servindo sucessivas gerações de príncipes
Ainda um pouco toscos e grosseiros
Ávidos cruéis e fraudulentos

Foi um imenso desperdiçar de gente
Para que ela fosse aquela perfeição
Solitária exilada sem destino

Catarina Eufémia

O primeiro tema da reflexão grega é a justiça
E eu penso nesse instante em que ficaste exposta
Estavas grávida porém não recuaste
Porque a tua lição é esta: fazer frente

Pois não deste homem por ti
E não ficaste em casa a cozinhar intrigas
Segundo o antiquíssimo método oblíquo das mulheres
Nem usaste de manobra ou de calúnia
E não serviste apenas para chorar os mortos

Tinha chegado o tempo
Em que era preciso que alguém não recuasse
E a terra bebeu um sangue duas vezes puro

Porque eras a mulher e não somente a fêmea
Eras a inocência frontal que não recua
Antígona poisou a sua mão sobre o teu ombro no instante
                                          [em que morreste
E a busca da justiça continua

DE *O NOME DAS COISAS*

Cíclades

(evocando Fernando Pessoa)

A claridade frontal do lugar impõe-me a tua presença
O teu nome emerge como se aqui
O negativo que foste de ti se revelasse

Viveste no avesso
Viajante incessante do inverso
Isento de ti próprio
Viúvo de ti próprio
Em Lisboa cenário da vida
E eras o inquilino de um quarto alugado por cima de uma
[leitaria
O empregado competente de uma casa comercial
O frequentador irónico delicado e cortês dos cafés da Baixa
O visionário discreto dos cafés virados para o Tejo

(Onde ainda no mármore das mesas
Buscamos o rastro frio das tuas mãos
— O imperceptível dedilhar das tuas mãos)

Esquartejado pelas fúrias do não-vivido
À margem de ti dos outros e da vida
Mantiveste em dia os teus cadernos todos

Com meticulosa exactidão desenhaste os mapas
Das múltiplas navegações da tua ausência —
Aquilo que não foi nem foste ficou dito
Como ilha surgida a barlavento
Com prumos sondas astrolábios bússolas
Procedeste ao levantamento do desterro

Nasceste depois
E alguém gastara em si toda a verdade

O caminho da Índia já fora descoberto
Dos deuses só restava
O incerto perpassar
No murmúrio e no cheiro das paisagens
E tinhas muitos rostos
Para que não sendo ninguém dissesses tudo
Viajavas no avesso no inverso no adverso

Porém obstinada eu invoco — ó dividido —
O instante que te unisse
E celebro a tua chegada às ilhas onde jamais vieste

Estes são os arquipélagos que derivam ao longo do teu
                                                             [rosto
Estes são os rápidos golfinhos da tua alegria
Que os deuses não te deram nem quiseste

Este é o país onde a carne das estátuas como choupos
                                                             [estremece
Atravessada pelo respirar leve da luz

Aqui brilha o azul-respiração das coisas
Nas praias onde há um espelho voltado para o mar

Aqui o enigma que me interroga desde sempre
É mais nu e veemente e por isso te invoco:
"Porque foram quebrados os teus gestos?
Quem te cercou de muros e de abismos?
Quem derramou no chão os teus segredos?"

Invoco-te como se chegasses neste barco
E poisasses os teus pés nas ilhas
E a sua excessiva proximidade te invadisse
Como um rosto amado debruçado sobre ti

No estio deste lugar chamo por ti
Que hibernaste a própria vida como o animal na estação
                                                             [adversa
Que te quiseste distante como quem ante o quadro pra
                                                             [melhor ver recua
E quiseste a distância que sofreste

Chamo por ti — reúno os destroços as ruínas os pedaços —
Porque o mundo estalou como pedreira
E no chão rolam capitéis e braços
Colunas divididas estilhaços
E da ânfora resta o espalhamento de cacos
Perante os quais os deuses se tornam estrangeiros

Porém aqui as deusas cor de trigo
Erguem a longa harpa dos seus dedos

E encantam o sol azul onde te invoco
Onde invoco a palavra impessoal da tua ausência

Pudesse o instante da festa romper o teu luto
Ó viúvo de ti mesmo
E que ser e estar coincidissem
No um da boda

Como se o teu navio te esperasse em Thasos
Como se Penélope
Nos seus quartos altos
Entre seus cabelos te fiasse

1972

Che Guevara

Contra ti se ergueu a prudência dos inteligentes e o arrojo
[dos patetas
A indecisão dos complicados e o primarismo
Daqueles que confundem revolução com desforra

De poster em poster a tua imagem paira na sociedade de
[consumo
Como o Cristo em sangue paira no alheamento ordenado
[das igrejas

Porém
Em frente do teu rosto
Medita o adolescente à noite no seu quarto
Quando procura emergir de um mundo que apodrece

Lisboa, 1972

Soror Mariana — Beja

Cortaram os trigos. Agora
A minha solidão vê-se melhor

"Fernando Pessoa" ou "Poeta em Lisboa"

Em sinal de sorte ou de desgraça
A tua sombra cruza o ângulo da praça
(Trémula incerta impossessiva alheia
E como escrita de lápis leve e baça)
E sob o voo das gaivotas passa
Atropelada por tudo quanto passa

Em sinal de sorte ou de desgraça

Lisboa, 1972

O palácio

Era um dos palácios do Minotauro
— O da minha infância para mim o primeiro —
Tinha sido construído no século passado (e pintado a
[vermelho)

Estátuas escadas veludo granito
Tílias o cercavam de música e murmúrio
Paixões e traições o inchavam de grito

Espelhos ante espelhos tudo aprofundavam
Seu pátio era interior era átrio
As suas varandas eram por dentro
Viradas para o centro
Em grandes vazios as vozes ecoavam
Era um dos palácios do Minotauro
O da minha infância — para mim o vermelho

Ali a magia como fogo ardia de Março a Fevereiro
A prata brilhava o vidro luzia
Tudo tilintava tudo estremecia
De noite e de dia

Era um dos palácios do Minotauro
— O da minha infância para mim o primeiro —
Ali o tumulto cego confundia
O escuro da noite e o brilho do dia
Ali era a fúria o clamor o não-dito
Ali o confuso onde tudo irrompia
Ali era o Kaos onde tudo nascia

Lagos I

> *Un jour à Lagos ouverte sur la mer comme l'autre Lagos*
> Senghor

Em Lagos
Virada para o mar como a outra Lagos
Muitas vezes penso em Leopoldo Sedar Senghor:
A precisa limpidez de Lagos onde a limpeza
É uma arte poética e uma forma de honestidade
Acorda em mim a nostalgia de um projecto
Racional limpo e poético

Os ditadores — é sabido — não olham para os mapas
Suas excursões desmesuradas fundam-se em confusões
O seu ditado vai deixando jovens corpos mortos pelos
                                        [caminhos
Jovens corpos mortos ao longo das extensões

Na precisa claridade de Lagos é-me mais difícil
Aceitar o confuso o disforme a ocultação

Na nitidez de Lagos onde o visível
Tem o recorte simples e claro de um projecto
O meu amor da geometria e do concreto
Rejeita o balofo oco da degradação

Na luz de Lagos matinal e aberta
Na praça quadrada tão concisa e grega
Na brancura da cal tão veemente e directa
O meu país se invoca e se projecta

Lagos, 20 de Abril de 1974

25 de Abril

Esta é a madrugada que eu esperava
O dia inicial inteiro e limpo
Onde emergimos da noite e do silêncio
E livres habitamos a substância do tempo

Revolução

Como casa limpa
Como chão varrido
Como porta aberta

Como puro início
Como tempo novo
Sem mancha nem vício

Como a voz do mar
Interior de um povo

Como página em branco
Onde o poema emerge

Como arquitectura
Do homem que ergue
Sua habitação

27 de Abril de 1974

Nesta hora

Nesta hora limpa da verdade é preciso dizer a verdade toda
Mesmo aquela que é impopular neste dia em que se
                                        [invoca o povo
Pois é preciso que o povo regresse do seu longo exílio
E lhe seja proposta uma verdade inteira e não meia
                                              [verdade

Meia verdade é como habitar meio quarto
Ganhar meio salário
Como só ter direito
A metade da vida

O demagogo diz da verdade a metade
E o resto joga com habilidade
Porque pensa que o povo só pensa metade
Porque pensa que o povo não percebe nem sabe

A verdade não é uma especialidade
Para especializados clérigos letrados

Não basta gritar povo é preciso expor
Partir do olhar da mão e da razão
Partir da limpidez do elementar

Como quem parte do sol do mar do ar
Como quem parte da terra onde os homens estão
Para construir o canto do terrestre
— Sob o ausente olhar silente de atenção —

Para construir a festa do terrestre
Na nudez de alegria que nos veste

20 de Maio de 1974

Com fúria e raiva

Com fúria e raiva acuso o demagogo
E o seu capitalismo das palavras

Pois é preciso saber que a palavra é sagrada
Que de longe muito longe um povo a trouxe
E nela pôs sua alma confiada

De longe muito longe desde o início
O homem soube de si pela palavra
E nomeou a pedra a flor a água
E tudo emergiu porque ele disse

Com fúria e raiva acuso o demagogo
Que se promove à sombra da palavra
E da palavra faz poder e jogo
E transforma as palavras em moeda
Como se fez com o trigo e com a terra

Junho de 1974

Projecto I

O longo muro alentejano e branco
O desejo de limpo e de lisura
Aqui na casa térrea a arquitectura
Tem a clareza nua de um projecto

Liberdade

O poema é
A liberdade

Um poema não se programa
Porém a disciplina
— Sílaba por sílaba —
O acompanha

Sílaba por sílaba
O poema emerge
— Como se os deuses o dessem
O fazemos

A casa térrea

Que a arte não se torne para ti a compensação daquilo
                              [que não soubeste ser
Que não seja transferência nem refúgio
Nem deixes que o poema te adie ou divida: mas que seja
A verdade do teu inteiro estar terrestre

Então construirás a tua casa na planície costeira
A meia distância entre montanha e mar
Construirás — como se diz — a casa térrea —
Construirás a partir do fundamento

Retrato de mulher

Algo de cereal e de campestre
Algo de simples em sua claridade
Algo sorri em sua austeridade

Esteira e cesto

No entrançar de cestos ou de esteira
Há um saber que vive e não desterra
Como se o tecedor a si próprio se tecesse
E não entrançasse unicamente esteira e cesto

Mas seu humano casamento com a terra

O rei de Ítaca

A civilização em que estamos é tão errada que
Nela o pensamento se desligou da mão

Ulisses rei de Ítaca carpinteirou seu barco
E gabava-se também de saber conduzir
Num campo a direito o sulco do arado

Museu

Aqui — como convém aos mortais —
Tudo é divino
E a pintura embriaga mais
Que o próprio vinho

Projecto II

Esta foi sua empresa: reencontrar o limpo
Do dia primordial. Reencontrar a inteireza
Reencontrar o acordo livre e justo
E recomeçar cada coisa a partir do princípio

Em sua empresa falharam e o relato
De sua errância erros e derrotas
De seus desencontros e desencontradas lutas
É moroso e confuso

Porém restam
Do quebrado projecto de sua empresa em ruína
Canto e pranto clamor palavras harpas
Que de geração em geração ecoam
Em contínua memória de um projecto
Que sem cessar de novo tentaremos

Carta de Natal a Murilo Mendes

Querido Murilo: será mesmo possível
Que você este ano não chegue no verão
Que seu telefonema não soe na manhã de Julho
Que não venha partilhar o vinho e o pão

Como eu só o via nessa quadra do ano
Não vejo a sua ausência dia-a-dia
Mas em tempo mais fundo que o quotidiano

Descubro a sua ausência devagar
Sem mesmo a ter ainda compreendido
Seria bom Murilo conversar
Neste dia confuso e dividido

Hoje escrevo porém para a Saudade
— Nome que diz permanência do perdido
Para ligar o eterno ao tempo ido
E em Murilo pensar com claridade —

E o poema vai em vez desse postal
Em que eu nesta quadra respondia

— Escrito mesmo na margem do jornal
Na Baixa — entre as compras do Natal

Para ligar o eterno e este dia

Lisboa, 22 de Dezembro de 1975

Regressarei

Eu regressarei ao poema como à pátria à casa
Como à antiga infância que perdi por descuido
Para buscar obstinada a substância de tudo
E gritar de paixão sob mil luzes acesas

A forma justa

Sei que seria possível construir o mundo justo
As cidades poderiam ser claras e lavadas
Pelo canto dos espaços e das fontes
O céu o mar e a terra estão prontos
A saciar a nossa fome do terrestre
A terra onde estamos — se ninguém atraiçoasse —
[proporia
Cada dia a cada um a liberdade e o reino
— Na concha na flor no homem e no fruto
Se nada adoecer a própria forma é justa
E no todo se integra como palavra em verso
Sei que seria possível construir a forma justa
De uma cidade humana que fosse
Fiel à perfeição do universo

Por isso recomeço sem cessar a partir da página em branco
E este é meu ofício de poeta para a reconstrução do mundo

Nestes últimos tempos

Nestes últimos tempos é certo a esquerda fez erros
Caiu em desmandos confusões praticou injustiças

Mas que diremos da longa tenebrosa e perita
Degradação das coisas que a direita pratica?

Que diremos do lixo do seu luxo — de seu
Viscoso gozo da nata da vida — que diremos
De sua feroz ganância e fria possessão?

Que diremos de sua sábia e tácita injustiça
Que diremos de seus conluios e negócios
E do utilitário uso dos seus ócios?

Que diremos de suas máscaras álibis e pretextos
De suas fintas labirintos e contextos?

Nestes últimos tempos é certo a esquerda muita vez
Desfigurou as linhas do seu rosto

Mas que diremos da meticulosa eficaz expedita
Degradação da vida que a direita pratica?

Julho de 1976

Estações do ano

Primeiro vem Janeiro
Suas longínquas metas
São Julho e são Agosto
Luz de sal e de setas

A praia onde o vento
Desfralda as barracas
E vira os guarda-sóis
Ficou na infância antiga
Cuja memória passa
Pela rua à tarde
Como uma cantiga

O verão onde hoje moro
É mais duro e mais quente
Perdeu-se a frescura
Do verão adolescente

Aqui onde estou
Entre cal e sal
Sob o peso do sol
Nenhuma folha bole

Na manhã parada
E o mar é de metal
Como um peixe-espada

DE *NAVEGAÇÕES*

Lisboa

Digo:
"Lisboa"
Quando atravesso — vinda do sul — o rio
E a cidade a que chego abre-se como se do seu nome
                                        [nascesse
Abre-se e ergue-se em sua extensão nocturna
Em seu longo luzir de azul e rio
Em seu corpo amontoado de colinas —
Vejo-a melhor porque a digo
Tudo se mostra melhor porque digo
Tudo mostra melhor o seu estar e a sua carência
Porque digo
Lisboa com seu nome de ser e de não-ser
Com seus meandros de espanto insónia e lata
E seu secreto rebrilhar de coisa de teatro
Seu conivente sorrir de intriga e máscara
Enquanto o largo mar a Ocidente se dilata
Lisboa oscilando como uma grande barca
Lisboa cruelmente construída ao longo da sua própria
                                        [ausência

Digo o nome da cidade
— Digo para ver

1977

AS ILHAS

I

Navegámos para Oriente —
A longa costa
Era de um verde espesso e sonolento

Um verde imóvel sob o nenhum vento
Até à branca praia cor de rosas
Tocada pelas águas transparentes

Então surgiram as ilhas luminosas
De um azul tão puro e tão violento
Que excedia o fulgor do firmamento
Navegado por garças milagrosas

E extinguiram-se em nós memória e tempo

1977

III

À luz do aparecer a madrugada
Iluminava o côncavo de ausentes
Velas a demandar estas paragens

Aqui desceram as âncoras escuras
Daqueles que vieram procurando
O rosto real de todas as figuras
E ousaram — aventura a mais incrível —
Viver a inteireza do possível

1977

V

Ali vimos a veemência do visível
O aparecer total exposto inteiro
E aquilo que nem sequer ousáramos sonhar
Era o verdadeiro

1977

VI

Navegavam sem o mapa que faziam

(Atrás deixando conluios e conversas
Intrigas surdas de bordéis e paços)

Os homens sábios tinham concluído
Que só podia haver o já sabido:
Para a frente era só o inavegável
Sob o clamor de um sol inabitável

Indecifrada escrita de outros astros
No silêncio das zonas nebulosas
Trémula a bússola tacteava espaços

Depois surgiram as costas luminosas
Silêncios e palmares frescor ardente
E o brilho do visível frente a frente

1979

DERIVA

III

Nus se banharam em grandes praias lisas
Outros se perderam no repentino azul dos temporais

1982

VI

Eu vos direi a grande praia branca
E os homens nus e negros que dançavam
Pra sustentar o céu com suas lanças

1982

VII

Outros dirão senhor as singraduras
Eu vos direi a praia onde luzia
A primitiva manhã da criação

Eu vos direi a nudez recém-criada
A esquiva doçura a leve rapidez
De homens ainda cor de barro que julgaram
Sermos seus antigos deuses tutelares
Que regressavam

1982

VIII

Vi as águas os cabos vi as ilhas
E o longo baloiçar dos coqueirais
Vi lagunas azuis como safiras
Rápidas aves furtivos animais
Vi prodígios espantos maravilhas
Vi homens nus bailando nos areais
E ouvi o fundo som de suas falas
Que já nenhum de nós entendeu mais
Vi ferros e vi setas e vi lanças
Oiro também à flor das ondas finas
E o diverso fulgor de outros metais
Vi pérolas e conchas e corais
Desertos fontes trémulas campinas
Vi o rosto de Eurydice das neblinas
Vi o frescor das coisas naturais
Só do Preste João não vi sinais

As ordens que levava não cumpri
E assim contando tudo quanto vi
Não sei se tudo errei ou descobri

1982

XII

Cupidez roendo o verde emergir das ilhas a barlavento
Cupidez roendo o rosto nu do encontro

1982

XVII

Estilo manuelino:
Não a nave românica onde a regra
Da semente sobe da terra
Nem o fuste de espiga
Da coluna grega
Mas a flor dos encontros que a errância
Em sua deriva agrega

1982

DE *ILHAS*

Tríptico ou Maria Helena, Arpad e a pintura

I

Eles não pintam o quadro: estão dentro do quadro

II

Eles não pintam o quadro: julgam que estão dentro do
[quadro

III

Eles sabem que não estão dentro do quadro: pintam o
[quadro

1959

A princesa da cidade extrema ou a morte dos ritos

Quando o palácio do rei do Estio foi invadido
Isô princesa da Cidade Extrema
Inclinou gravemente a cabeça pequena
E em seu sorriso de coral os dentes brilharam como grãos
[de arroz

Quando levaram sua colecção de jades
O seu leito de sândalo
O sorriso franziu sua narina fina
Suas pestanas acenaram como borboletas

Quando levaram suas jarras vermelhas seus livros de
[estampas
Ela continuou flexível e serena
Suas pestanas aplaudiram como leques pretos
Seus lábios recitaram a sentença antiga:

Aquele que é despojado fica livre

No lago viu-se
Ela mesma era
Flexível e brilhante como seda

Fresca e macia como jade
Colorida e preciosa como estampa

Serena como seda dormiu nessa noite sobre esteiras

Porém a aurora do tempo novo despontou na cidade

Quando ela acordou
O cortejo das mãos não acorreu
A mão que na jarra põe a flor
A mão que acende o incenso
A mão que desenrola o tapete
A mão que faz cantar a música das harpas
A longa subtil mão precisa que pinta o contorno dos olhos
A mão fresca e lenta que derrama os perfumes

Mão nenhuma invoca o espírito dos deuses
Protectores do tecto
Mão nenhuma dispõe o ritual antiquíssimo que introduz
O fogo linear do dia
Mão nenhuma traça o gesto que constrói
A forma celeste do dia

As vozes dizem:

Ergue-te sozinha
Não és ídolo não és divina
Nenhuma coisa é divina

Como seda no chão cai desprendida

Assim ela esvaída
Quando a si torna não torna à sua imagem
Tudo é abolido e bebido em repentina voragem
O colóquio dos bambus calou-se
Nem a rã coaxa

Como caule ao vento seu pescoço fino baloiça
Suas pestanas permanecem imóveis como as do cego que
[há milênios
Junto da ponte não vê o rio

Em seus vestidos tropeça como o cego

Suas mãos tacteiam o ar
Muito alto ouve ranger o céu
São os deuses rasgando suas sedosas bandeiras de vento

Para não ouvir o silvo dos gumes acerados
Mergulha no lago até ao lodo
Depois flutua muitos dias
No centro da corola que formam
Os seus largos vestidos espalhados

Não te esqueças nunca

Não te esqueças nunca de Thasos nem de Egina
O pinhal a coluna a veemência divina
O templo o teatro o rolar de uma pinha
O ar cheirava a mel e a pedra a resina
Na estátua morava tua nudez marinha
Sob o sol azul e a veemência divina

Não esqueças nunca Treblinka e Hiroshima
O horror o terror a suprema ignomínia

Tempo de não

Exausta fujo as arenas do puro intolerável
Os deuses da destruição sentaram-se ao meu lado
A cidade onde habito é rica de desastres
Embora exista a praia lisa que sonhei

Veneza

Dentro deste quarto um outro quarto
Como um Carpaccio nas ruas de Veneza
Segunda imagem sussurro de surpresa
E um pouco assim são as ruas de Veneza

Em fundo glauco de laguna ou vidro
E um pouco assim em nossa vida o duplo
Espelho sem perdão do não vivido
Caminho destinado a ser perdido

Olímpia

Ele emergiu do poente como se fosse um deus
A luz brilhava de mais no obscuro loiro do seu cabelo

Era o hóspede do acaso
Reunia mal as palavras
Foram juntos a Olímpia lugar de atletas
Terra à qual pertenciam
Os seus largos ombros as ancas estreitas
A sua força esguia espessa e baloiçada
E a sua testa baixa de novilho
Jantaram ao ar livre num rumor de verão e de turistas
Uma leve brisa passava entre diversos rostos

Ela viu-o depois ficar sozinho em plena rua
Subitamente jovem de mais e como expulso e perdido

Porém na manhã seguinte
Entre as espalhadas ruínas da palestra
Ela viu como o corpo dele rimava bem com as colunas
Dóricas

De qualquer forma em Patras poeirenta
No abafado subir da noite
Tomaram barcos diferentes

De muito longe ainda se via
No cais o vulto espesso baloiçado esguio
Que entre luzes com as sombras se fundia

Sob a desprezível indiferença
Não dela mas dos deuses

Carta(s) a Jorge de Sena

I

Não és navegador mas emigrante
Legítimo português de novecentos
Levaste contigo os teus e levaste
Sonhos fúrias trabalhos e saudade;
Moraste dia por dia a tua ausência
No mais profundo fundo das profundas
Cavernas altas onde o estar se esconde

II

E agora chega a notícia que morreste
E algo se desloca em nossa vida

III

Há muito estavas longe
Mas vinham cartas poemas e notícias
E pensávamos que sempre voltarias

Enquanto amigos teus aqui te esperassem —
E assim às vezes chegavas da terra estrangeira
Não como filho pródigo mas como irmão prudente
E ríamos e falávamos em redor da mesa
E tiniam talheres loiças e vidros
Como se tudo na chegada se alegrasse
Trazias contigo um certo ar de capitão de tempestades
— Grandioso vencedor e tão amargo vencido —
E havia avidez azáfama e pressa
No desejo de suprir anos de distância em horas de conversa
E havia uma veemente emoção em tua grave amizade
E em redor da mesa celebrávamos a festa
Do instante que brilhava entre frutos e rostos

IV

E agora chega a notícia que morreste
A morte vem como nenhuma carta

O dia

Passa o dia contigo
Não deixes que te desviem
Um poema emerge tão jovem tão antigo
Que nem sabes desde quando em ti vivia

A escrita

No Palácio Mocenigo onde viveu sozinho
Lord Byron usava as grandes salas
Para ver a solidão espelho por espelho
E a beleza das portas quando ninguém passava

Escutava os rumores marinhos do silêncio
E o eco perdido de passos num corredor longínquo
Amava o liso brilhar do chão polido
E os tectos altos onde se enrolam as sombras
E embora se sentasse numa só cadeira
Gostava de olhar vazias as cadeiras

Sem dúvida ninguém precisa de tanto espaço vital
Mas a escrita exige solidões e desertos
E coisas que se veem como quem vê outra coisa

Podemos imaginá-lo sentado à sua mesa
Imaginar o alto pescoço espesso
A camisa aberta e branca
O branco do papel as aranhas da escrita
E a luz da vela — como em certos quadros —
Tornando tudo atento

O país sem mal

Um etnólogo diz ter encontrado
Entre selvas e rios depois de longa busca
Uma tribo de índios errantes
Exaustos exauridos semimortos
Pois tinham partido desde há longos anos
Percorrendo florestas desertos e campinas
Subindo e descendo montanhas e colinas
Atravessando rios
Em busca do país sem mal —
Como os revolucionários do meu tempo
Nada tinham encontrado

Os biombos Namban

Os biombos Namban contam
A história alegre das navegações
Pasmo de povos de repente
Frente a frente

Alvoroço de quem vê
O tão longe tão ao pé

Laca e leque
Kimono camélia
Perfeição esmero
E o sabor do tempero

Cerimónias mesuras
Nipónicas finuras
Malícia perante
Narigudas figuras
Inchados calções

Enquanto no alto
Das mastreações
Fazem pinos dão saltos

Os ágeis acrobatas
Das navegações

Dançam de alegria
Porque o mundo encontrado
É muito mais belo
Do que o imaginado

1987

Estátua de Buda

Os belos traços o inchado beiço a narina fina
O torneado corpo e sua
Beleza tão carnal de magnólia e fruto
Em tão longínqua latitude representam
O príncipe da perfeição e da renúncia

Antes do museu
Em sua frente
Oscilavam sombras e luzes enquanto deslizava
O rio das preces

Dedicatória da segunda edição do *Cristo cigano* a João Cabral de Melo Neto

I

João Cabral de Melo Neto
Essa história me contou
Venho agora recontá-la
Tentando representar
Não apenas o contado
E sua grande estranheza
Mas tentando ver melhor
A peculiar disciplina
De rente e justa agudeza
Que a arte deste poeta
Verdadeira mestra ensina

II

Pois é poeta que traz
À tona o que era latente
Poeta que desoculta
A voz do poema imanente

Nunca erra a direcção
De sua exacta insistência
Não diz senão o que quer
Não se inebria em fluência

Mas sua arte não é só
Olhar certo e oficina
E nele como em Cesário
Algo às vezes se alucina

Pois há nessa tão exacta
Fidelidade à imanência
Secretas luas ferozes
Quebrando sóis de evidência

Cesário Verde

Quis dizer o mais claro e o mais corrente
Em fala chã e em lúcida esquadria
Ser e dizer na justa luz do dia
Falar claro falar limpo falar rente

Porém nas roucas ruas da cidade
A nítida pupila se alucina
Cães se miram no vidro da retina
E ele vai naufragando como um barco

Amou vinhas e searas e campinas
Horizontes honestos e lavados
Mas bebeu a cidade a longos tragos
Deambulou por praças por esquinas

Fugiu da peste e da melancolia
Livre se quis e não servo dos fados
Diurno se quis — porém a luzidia
Noite assombrou os olhos dilatados

Reflectindo o tremor da luz nas margens
Entre ruelas vê-se ao fundo o rio
Ele o viu com seus olhos de navio
Atentos à surpresa das imagens

Fúrias

Escorraçadas do pecado e do sagrado
Habitam agora a mais íntima humildade
Do quotidiano. São
Torneira que se estraga atraso de autocarro
Sopa que transborda na panela
Caneta que se perde aspirador que não aspira
Táxi que não há recibo extraviado
Empurrão cotovelada espera
Burocrático desvario

Sem clamor sem olhar
Sem cabelos eriçados de serpentes
Com as meticulosas mãos do dia-a-dia
Elas nos desfiam

Elas são a peculiar maravilha do mundo moderno
Sem rosto e sem máscara
Sem nome e sem sopro
São as hidras de mil cabeças da eficácia que se avaria

Já não perseguem sacrílegos e parricidas
Preferem vítimas inocentes

Que de forma nenhuma as provocaram
Por elas o dia perde seus longos planos lisos
Seu sumo de fruta
Sua fragrância de flor
Seu marinho alvoroço
E o tempo é transformado
Em tarefa e pressa
A contra tempo

DE *MUSA*

Ondas

Onde — ondas — mais belos cavalos
Do que estas ondas que vós sois
Onde mais bela curva do pescoço
Onde mais longa crina sacudida
Ou impetuoso arfar no mar imenso
Onde tão ébrio amor em vasta praia?

Dezembro de 1989

Tão grande dor

Tão grande dor para tão pequeno povo
Palavras de um timorense à RTP

Timor fragilíssimo e distante

"Sândalo flor búfalo montanha
Cantos danças ritos
E a pureza dos gestos ancestrais"

Em frente ao pasmo atento das crianças
Assim contava o poeta Ruy Cinatti
Sentado no chão
Naquela noite em que voltara da viagem

Timor
Dever que não foi cumprido e que por isso dói

Depois vieram notícias desgarradas
Raras e confusas
Violência mortes crueldade
E ano após ano
Ia crescendo sempre a atrocidade
E dia a dia — espanto prodígio assombro —
Cresceu a valentia

Do povo e da guerrilha
Evanescente nas brumas da montanha

Timor cercado por um muro de silêncio
Mais pesado e mais espesso do que o muro
De Berlim que foi sempre tão falado

Porque não era um muro mas um cerco
Que por segundo cerco era cercado
O cerco da surdez dos consumistas
Tão cheios de jornais e de notícias

Mas como se fosse o milagre pedido
Pelo rio da prece ao som das balas
As imagens do massacre foram salvas
As imagens romperam os cercos do silêncio
Irromperam nos écrans e os surdos viram
A evidência nua das imagens

Orpheu e Eurydice

Juntos passavam no cair da tarde
Jovens luminosos muito antigos

Eurydice em Roma

Por entre clamor e vozes oiço atenta
A voz da flauta na penumbra fina

E ao longe sob a copa dos pinheiros
Com leves pés que nem as ervas dobram
Intensa absorta — sem se virar pra trás —
E já separada — Eurydice caminha

O poeta sábio

É sábio hábil arguto informado
Porém quando ele escreve
As Ménades não dançam

Cânon

Sombrios profetas do exílio abandonai vosso vestido de
[cinza
Pois o Filho do Homem na véspera da sua morte
Se sentou à mesa entre os homens
E abençoou o pão e o vinho e os repartiu
E aquele que pôs com ele a mão no prato o traiu
E uma noite inteira no horto agonizou sozinho
Pois os seus amigos tinham adormecido
E no tribunal esteve só como todos os acusados da terra
E muitos o renegaram
E à hora do suplício ouviu o silêncio do Pai
Porém ao terceiro dia ergueu-se do túmulo
E partilhou a sua ressurreição com todos os homens

1993

Elegia

Aprende
A não esperar por ti pois não te encontrarás

No instante de dizer sim ao destino
Incerta paraste emudecida
E os oceanos depois devagar te rodearam

A isso chamaste Orpheu Eurydice —
Incessante intensa a lira vibrava ao lado
Do desfilar real dos teus dias
Nunca se distingue bem o vivido do não vivido
O encontro do fracasso —
Quem se lembra do fino escorrer da areia na ampulheta
Quando se ergue o canto
Por isso a memória sequiosa quer vir à tona
Em procura da parte que não deste
No rouco instante da noite mais calada
Ou no secreto jardim à beira-rio
Em Junho

1994

Tejo

Aqui e além em Lisboa — quando vamos
Com pressa ou distraídos pelas ruas
Ao virar da esquina de súbito avistamos
Irisado o Tejo:
Então se tornam
Leve o nosso corpo e a alma alada

Julho de 1994

À maneira de Horácio

Feliz aquele que disse o poema ao som da lira
À mesa do banquete entre os amigos
E coroado estava de rosas e de mirto

Seu canto nascia da solar memória dos seus dias
E da pausa mágica da noite —
Seu canto celebrava
Consciente da areia fina que escorria
Enquanto o mar as rochas desgastava

1994

DE *O BÚZIO DE CÓS E OUTROS POEMAS*

Goa

Bela, jovem, toda branca
A vaca tinha longos finos cornos
Afastados como as hastes da cítara
E pintados
Um de azul outro de veemente cor-de-rosa
E um deus adolescente atento e grave a guiava

Passavam os dois junto aos altos coqueiros
E ante a igreja barroca também ela toda branca
E em seu passar luziam
Os múltiplos e austeros sinais da alegria

Arte poética

A dicção não implica estar alegre ou triste
Mas dar minha voz à veemência das coisas
E fazer do mundo exterior substância da minha mente
Como quem devora o coração do leão

Olha fita escuta
Atenta para a caçada no quarto penumbroso

Métrica

O poema clássico compõe seu contraponto olímpico
Entre o fogoso sopro e o vasto espaço da sílaba medida
Inventa a ordem sem lacuna onde nada
Pode ser deslocado ou traduzido

O búzio de Cós

Este búzio não o encontrei eu própria numa praia
Mas na mediterrânica noite azul e preta
Comprei-o em Cós numa venda junto ao cais
Rente aos mastros baloiçantes dos navios
E comigo trouxe o ressoar dos temporais

Porém nele não oiço
Nem o marulho de Cós nem o de Egina
Mas sim o cântico da longa vasta praia
Atlântica e sagrada
Onde para sempre minha alma foi criada

Junho de 1995

Foi no mar que aprendi

Foi no mar que aprendi o gosto da forma bela
Ao olhar sem fim o sucessivo
Inchar e desabar da vaga
A bela curva luzidia do seu dorso
O longo espraiar das mãos de espuma

Por isso nos museus da Grécia antiga
Olhando estátuas frisos e colunas
Sempre me aclaro mais leve e mais viva
E respiro melhor como na praia

Deus escreve direito

Deus escreve direito por linhas tortas
E a vida não vive em linha recta
Em cada célula do homem estão inscritas
A cor dos olhos e a argúcia do olhar
O desenho dos ossos e o contorno da boca
Por isso te olhas ao espelho:
E no espelho te buscas para te reconhecer
Porém em cada célula desde o início
Foi inscrito o signo veemente da tua liberdade
Pois foste criado e tens de ser real
Por isso não percas nunca teu fervor mais austero
Tua exigência de ti e por entre
Espelhos deformantes e desastres e desvios
Nem um momento só podes perder
A linha musical do encantamento
Que é teu sol tua luz teu alimento

Era o tempo

Era o tempo das amizades visionárias
Entregues à sombra à luz à penumbra
E ao rumor mais secreto das ramagens
Era o tempo extático das luas
Quando a noite se azulava fabulosa e lenta
Era o tempo do múltiplo desejo e da paixão
Os dias como harpas ressoavam
Era o tempo de oiro das praias luzidias
Quando a fome de tudo se acendia

Homero

Escrever o poema como um boi lavra o campo
Sem que tropece no metro o pensamento
Sem que nada seja reduzido ou exilado
Sem que nada separe o homem do vivido

Hélade

Colunas erguidas em nome da imanência
— Deuses cruéis como homens vitoriosos

Varandas

É na varanda que os poemas emergem
Quando se azula o rio e brilha
O verde-escuro do cipreste — quando
Sobre as águas se recorta a branca escultura
Quasi oriental quasi marinha
Da torre aérea e branca
E a manhã toda aberta
Se torna irisada e divina
E sobre a página do caderno o poema se alinha

Noutra varanda assim num Setembro de outrora
Que em mil estátuas e roxo azul se prolongava
Amei a vida como coisa sagrada
E a juventude me foi eternidade

O infante

Aos homens ordenou que navegassem
Sempre mais longe para ver o que havia
E sempre para o sul e que indagassem
O mar a terra o vento a calmaria
Os povos e os astros
E no desconhecido cada dia entrassem

ARTES POÉTICAS

Arte poética I

Em Lagos em Agosto o sol cai a direito e há sítios onde até o chão é caiado. O sol é pesado e a luz leve. Caminho no passeio rente ao muro mas não caibo na sombra. A sombra é uma fita estreita. Mergulho a mão na sombra como se a mergulhasse na água.

A loja dos barros fica numa pequena rua do outro lado da praça. Fica depois da taberna fresca e da oficina escura do ferreiro.

Entro na loja dos barros. A mulher que os vende é pequena e velha, vestida de preto. Está em frente de mim rodeada de ânforas. À direita e à esquerda o chão e as prateleiras estão cobertos de louças alinhadas, empilhadas e amontoadas: pratos, bilhas, tigelas, ânforas. Há duas espécies de barro: barro cor-de-rosa pálido e barro vermelho-escuro. Barro que desde tempos imemoriais os homens aprenderam a modelar numa medida humana. Formas que através dos séculos vêm de mão em mão. A loja onde estou é como uma loja de Creta. Olho as ânforas de barro pálido poisadas em minha frente no chão. Talvez a arte deste tempo em que vivo me tenha ensinado a olhá-las melhor. Talvez a arte deste tempo tenha sido uma arte de ascese que serviu para limpar o olhar.

A beleza da ânfora de barro pálido é tão evidente, tão certa que não pode ser descrita. Mas eu sei que a palavra beleza não é nada, sei que a beleza não existe em si mas é apenas o rosto, a forma, o sinal de uma verdade da qual ela não pode ser separada. Não falo de uma beleza estética mas sim de uma beleza poética.

Olho para a ânfora: quando a encher de água ela me dará de beber. Mas já agora ela me dá de beber. Paz e alegria, deslumbramento de estar no mundo, religação.

Olho para a ânfora na pequena loja dos barros. Aqui paira uma doce penumbra. Lá fora está o sol. A ânfora estabelece uma aliança entre mim e o sol.

Olho para a ânfora igual a todas as outras ânforas, a ânfora inumeravelmente repetida mas que nenhuma repetição pode aviltar porque nela existe um princípio incorruptível.

Porém, lá fora na rua, sob o peso do mesmo sol, outras coisas me são oferecidas. Coisas diferentes. Não têm nada de comum nem comigo nem com o sol. Vêm de um mundo onde a aliança foi quebrada. Mundo que não está religado nem ao sol nem à lua, nem a Ísis, nem a Deméter, nem aos astros, nem ao eterno. Mundo que pode ser um habitat mas não é um reino.

O reino agora é só aquele que cada um por si mesmo encontra e conquista, a aliança que cada um tece.

Este é o reino que buscamos nas praias de mar verde, no azul suspenso da noite, na pureza da cal, na pequena pedra polida, no perfume do orégão. Semelhante ao corpo de Orpheu dilacerado pelas fúrias este reino está dividido. Nós procuramos reuni-lo, procuramos a sua unidade, vamos de coisa em coisa.

É por isso que eu levo a ânfora de barro pálido e ela é para mim preciosa. Ponho-a sobre o muro em frente do mar. Ela é ali a nova imagem da minha aliança com as coisas. Aliança ameaçada. Reino que com paixão encontro, reúno, edifico. Reino vulnerável. Companheiro mortal da eternidade.

Arte poética II

A poesia não me pede propriamente uma especialização pois a sua arte é uma arte do ser. Também não é tempo ou trabalho o que a poesia me pede. Nem me pede uma ciência nem uma estética nem uma teoria. Pede-me antes a inteireza do meu ser, uma consciência mais funda do que a minha inteligência, uma fidelidade mais pura do que aquela que eu posso controlar. Pede-me uma intransigência sem lacuna. Pede-me que arranque da minha vida que se quebra, gasta, corrompe e dilui uma túnica sem costura. Pede-me que viva atenta como uma antena, pede-me que viva sempre, que nunca me esqueça. Pede-me uma obstinação sem tréguas, densa e compacta.

Pois a poesia é a minha explicação com o universo, a minha convivência com as coisas, a minha participação no real, o meu encontro com as vozes e as imagens. Por isso o poema não fala de uma vida ideal mas sim de uma vida concreta: ângulo da janela, ressonância das ruas, das cidades e dos quartos, sombra dos muros, aparição dos rostos, silêncio, distância e brilho das estrelas, respiração da noite, perfume da tília e do orégão.

É esta relação com o universo que define o poema como poema, como obra de criação poética. Quando há apenas relação com uma matéria há apenas artesanato.

É o artesanato que pede especialização, ciência, trabalho, tempo e uma estética. Todo o poeta, todo o artista é artesão de uma linguagem. Mas o artesanato das artes poéticas não nasce de si mesmo, isto é, da relação com uma matéria, como nas artes artesanais. O artesanato das artes poéticas nasce da própria poesia à qual está consubstancialmente unido. Se um poeta diz "obscuro", "amplo", "barco", "pedra" é porque estas palavras nomeiam a sua visão do mundo, a sua ligação com as coisas. Não foram palavras escolhidas esteticamente pela sua beleza, foram escolhidas pela sua realidade, pela sua necessidade, pelo seu poder poético de estabelecer uma aliança. E é da obstinação sem tréguas que a poesia exige que nasce o "obstinado rigor" do poema. O verso é denso, tenso como um arco, exactamente dito, porque os dias foram densos, tensos como arcos, exactamente vividos. O equilíbrio das palavras entre si é o equilíbrio dos momentos entre si.

E no quadro sensível do poema vejo para onde vou, reconheço o meu caminho, o meu reino, a minha vida.

Arte poética III

A coisa mais antiga de que me lembro é dum quarto em frente do mar dentro do qual estava, poisada em cima duma mesa, uma maçã enorme e vermelha. Do brilho do mar e do vermelho da maçã erguia-se uma felicidade irrecusável, nua e inteira. Não era nada de fantástico, não era nada de imaginário: era a própria presença do real que eu descobria. Mais tarde a obra de outros artistas veio confirmar a objectividade do meu próprio olhar. Em Homero reconheci essa felicidade nua e inteira, esse esplendor da presença das coisas. E também a reconheci, intensa, atenta e acesa na pintura de Amadeo de Souza-Cardoso. Dizer que a obra de arte faz parte da cultura é uma coisa um pouco escolar e artificial. A obra de arte faz parte do real e é destino, realização, salvação e vida.

Sempre a poesia foi para mim uma perseguição do real. Um poema foi sempre um círculo traçado à roda duma coisa, um círculo onde o pássaro do real fica preso. E se a minha poesia, tendo partido do ar, do mar e da luz, evoluiu, evoluiu sempre dentro dessa busca atenta. Quem procura uma relação justa com a pedra, com a árvore, com o rio, é necessariamente levado, pelo espírito de verdade que o anima, a procurar uma relação justa com o homem. Aquele que vê o espantoso esplendor do mundo é logicamente levado a ver o espantoso sofrimento do mundo. Aquele que vê o fenómeno quer ver todo o fenómeno. É apenas uma questão de atenção, de sequência e de rigor.

E é por isso que a poesia é uma moral. E é por isso que o poeta é levado a buscar a justiça pela própria natureza da sua poesia. E a busca da justiça é desde sempre uma coordenada fundamental de toda a obra poética. Vemos que no teatro grego o tema da justiça é a própria respiração das palavras. Diz o coro de Ésquilo: "Nenhuma muralha defenderá aquele que, embriagado com a sua riqueza, derruba o altar sagrado da justiça". Pois a justiça se confunde com aquele equilíbrio das coisas, com aquela ordem do mundo onde o poeta quer integrar o seu canto. Confunde-se com aquele amor que, segundo Dante, move o Sol e os outros astros. Confunde-se com a nossa confiança na evolução do homem, confunde-se com a nossa fé no universo. Se em frente do esplendor do mundo nos alegramos com paixão, também em frente do sofrimento do mundo nos revoltamos com paixão. Esta lógica é íntima, interior, consequente consigo própria, necessária, fiel a si mesma. O facto de sermos feitos de louvor e protesto testemunha a unidade da nossa consciência.

A moral do poema não depende de nenhum código, de nenhuma lei, de nenhum programa que lhe seja exterior, mas, porque é uma realidade vivida, integra-se no tempo vivido. E o tempo em que vivemos é o tempo duma profunda tomada de consciência. Depois de tantos séculos de pecado burguês a nossa época rejeita a herança do pecado organizado. Não aceitamos a fatalidade do mal. Como Antígona a poesia do nosso tempo diz: "Eu sou aquela que não aprendeu a ceder aos desastres". Há um desejo de rigor e de verdade que é intrínseco à íntima estrutura do poema e que não pode aceitar uma ordem falsa.

O artista não é, e nunca foi, um homem isolado que vive no alto duma torre de marfim. O artista, mesmo aquele que mais se coloca à margem da convivência, influenciará necessariamente, através da sua obra, a vida e o destino dos outros. Mesmo que o artista escolha o isolamento como melhor condição de trabalho e criação, pelo simples facto de fazer uma obra de rigor, de verdade e de consciência ele irá contribuir para a formação duma consciência comum. Mesmo que fale somente de pedras ou de brisas a obra do artista vem sempre dizer-nos isto: Que não somos apenas animais acossados na luta pela sobrevivência mas que somos, por direito natural, herdeiros da liberdade e da dignidade do ser.

Eis-nos aqui reunidos, nós escritores portugueses, reunidos por uma língua comum. Mas acima de tudo estamos reunidos por aquilo a que o padre Teilhard de Chardin chamou a nossa confiança no progresso das coisas.

E tendo começado por saudar os amigos presentes quero, ao terminar, saudar os meus amigos ausentes: porque não há nada que possa separar aqueles que estão unidos por uma fé e por uma esperança.

(Palavras ditas em 11 de Julho de 1964 no almoço promovido pela Sociedade Portuguesa de Escritores por ocasião da entrega do Grande Prémio de Poesia atribuído a *Livro sexto*.)

Arte poética IV

Fernando Pessoa dizia: "Aconteceu-me um poema". A minha maneira de escrever fundamental é muito próxima deste "acontecer". O poema aparece feito, emerge, dado (ou como se fosse dado). Como um ditado que escuto e noto.

É possível que esta maneira esteja em parte ligada ao facto de, na minha infância, muito antes de eu saber ler, me terem ensinado a decorar poemas. Encontrei a poesia antes de saber que havia literatura. Pensava que os poemas não eram escritos por ninguém, que existiam em si mesmos, por si mesmos, que eram como que um elemento do natural, que estavam suspensos, imanentes. E que bastaria estar muito quieta, calada e atenta para os ouvir.

Desse encontro inicial ficou em mim a noção de que fazer versos é estar atento e de que o poeta é um escutador.

É difícil descrever o fazer de um poema. Há sempre uma parte que não consigo distinguir, uma parte que se passa na zona onde eu não vejo.

Sei que o poema aparece, emerge e é escutado num equilíbrio especial da atenção, numa tensão especial da concentração. O meu esforço é para conseguir ouvir o "poema todo" e não apenas um fragmento. Para ouvir o "poema todo" é necessário que a atenção não se quebre ou atenue e que eu própria não intervenha. É preciso que eu deixe o poema dizer-se. Sei que quando o poema se quebra, como um fio no ar, o meu trabalho, a minha aplicação não conseguem continuá-lo.

Como, onde e por quem é feito esse poema que acontece, que aparece como já feito? A esse "como, onde e quem" os antigos chamavam Musa. É possível dar-lhe outros nomes e alguns lhe chamarão o subconsciente, um subconsciente acumulado, enrolado sobre si próprio como um filme que de repente, movido por qualquer estímulo, se projecta na consciência como num écran. Por mim, é-me difícil nomear aquilo que não distingo bem. É-me difícil, talvez impossível, distinguir se o poema é feito por mim, em zonas sonâmbulas de mim, ou se é feito em mim por aquilo que em mim se inscreve. Mas sei que o nascer do poema só é possível a partir daquela forma de ser, estar e viver que me torna sensível — como a película de um filme — ao ser e ao aparecer das coisas. E a partir de uma obstinada paixão por esse ser e esse aparecer.

Deixar que o poema se diga por si, sem intervenção minha (ou sem intervenção que eu veja), como quem segue um ditado (que ora é mais nítido, ora mais confuso), é a minha maneira de escrever.

Assim algumas vezes o poema aparece desarrumado, desordenado, numa sucessão incoerente de versos e imagens. Então faço uma espécie de montagem em que geralmente mudo não os versos mas a sua ordem. Mas esta intervenção não é propriamente "inter-vir" pois só toco no poema depois de ele se ter dito até ao fim. Se toco a meio o poema nas minhas mãos desagrega-se. O poema "Crepúsculo dos deuses" (*Geografia*) é um exemplo desta maneira de escrever. É uma montagem feita com um texto caótico que arrumei: ordenei os versos e acrescentei no final uma citação de um texto histórico sobre Juliano, o Apóstata.

Algumas vezes surge não um poema mas um desejo de escrever, um "estado de escrita". Há uma aguda sensação de plasticidade e um vazio, como num palco antes de entrar a bailarina. E há uma espécie de jogo com o desconhecido, o "in-dito", a possibilidade. O branco do papel torna-se hipnótico. Exemplo dessa maneira de escrever, texto que diz esta maneira de escrever, é o poema de *Coral*:

Que poema, de entre todos os poemas,
Página em branco?

Outra ainda é a maneira que surgiu quando escrevi *O Cristo cigano*: havia uma história, um tema, anterior ao poema. Sobre esse tema escrevi vários poemas soltos que depois organizei num só poema longo.

E por três vezes me aconteceu uma outra maneira de escrever: de textos que eu escrevera em prosa surgiram poemas. Assim o poema "Fernando Pessoa" apareceu repentinamente depois de eu ter acabado de escrever uma conferência sobre Fernando Pessoa. E o poema "Maria Helena Vieira da Silva ou o itinerário inelutável" emergiu de um artigo sobre a obra desta pintora. E enquanto escrevi este texto para a *Crítica* apareceu um poema que cito por ser a forma mais concreta de dar a resposta que me é pedida:

Aqui me sentei quieta
Com as mãos sobre os joelhos
Quieta muda secreta
Passiva como os espelhos

Musa ensina-me o canto
Imanente e latente
Eu quero ouvir devagar
O teu súbito falar
Que me foge de repente

Durante vários dias disse a mim própria: "Tenho de responder à *Crítica*". Sabia que ia escrever e sobre que tema ia escrever. Escrevi pouco a pouco, com muitas interrupções, metade escrito num caderno, metade num bloco, riscando e emendando para trás e para a frente, num artesanato muito laborioso, perdida em pausas e descontinuidades. E através das pausas o poema surgiu, passou através da prosa, apareceu na folha direita do caderno que estava vazia.

Ninguém me tinha pedido um poema, eu própria não o tinha pedido a mim própria e não sabia que o ia escrever. Direi que o poema falou quando eu me calei e se escreveu quando parei de escrever. Ao tentar escrever um texto em prosa sobre a minha maneira de escrever "invoquei" essa maneira de escrever para a "ver" e assim a poder descrever. Mas, quando "vi", aquilo que me apareceu foi um poema.

Arte poética v

Na minha infância, antes de saber ler, ouvi recitar e aprendi de cor um antigo poema tradicional português, chamado "Nau Catrineta". Tive assim a sorte de começar pela tradição oral, a sorte de conhecer o poema antes de conhecer a literatura.

Eu era de facto tão nova que nem sabia que os poemas eram escritos por pessoas, mas julgava que eram consubstanciais ao universo, que eram a respiração das coisas, o nome deste mundo dito por ele próprio.

Pensava também que, se conseguisse ficar completamente imóvel e muda em certos lugares mágicos do jardim, eu conseguiria ouvir um desses poemas que o próprio ar continha em si.

No fundo, toda a minha vida tentei escrever esse poema imanente. E aqueles momentos de silêncio no fundo do jardim ensinaram-me, muito tempo mais tarde, que não há poesia sem silêncio, sem que se tenha criado o vazio e a despersonalização.

Um dia em Epidauro — aproveitando o sossego deixado pelo horário do almoço dos turistas — coloquei-me no centro do teatro e disse em voz alta o princípio de um poema. E ouvi, no instante seguinte, lá no alto, a minha própria voz, livre, desligada de mim.

Tempos depois, escrevi estes três versos:

A voz sobe os últimos degraus
Oiço a palavra alada impessoal
Que reconheço por não ser já minha.

(Lido na Sorbonne, em Paris, em Dezembro de 1988, por ocasião do encontro intitulado *Les Belles Étrangères*.)

POEMAS DISPERSOS

Náufrago acordando

Um homem só na areia lisa, inerte.
Tão esquecido de si, que tudo o envolve
Em halos de silêncio e nevoeiro.
Um homem de olhos fechados, procurando
Dentro de si memória do seu nome.
Um homem na memória caminhando,
De silêncio em silêncio derivando,
E a onda
Ora o abandonava, ora o cobria.

Com vagos olhos contemplava o dia.
Em seus ouvidos
Como um longínquo búzio o mar zunia.
Líquida e fria,
Uma mão sobre os seus membros escorria:
Era a onda,
Que ora o abandonava, ora o cobria.

Um homem só na areia lisa, inerte,
Na orla dançada do mar.
Nos seus cinco sentidos, devagar,
A presença das coisas principia.

Brasil 77

Em vosso e meu coração
Manuel Bandeira

Brasil dos Bandeirantes
E das gentes emigradas
Em tuas terras distantes
As palavras portuguesas
Ficaram mais silabadas
Como se nelas houvesse
Desejo de ser cantadas
Brasil espaço e lonjura
Em nossa recordação
Mas ao Brasil que tortura
Só podemos dizer não

Brasil de Manuel Bandeira
Que ao franquismo disse não
E cujo verso se inscreve
Neste poema invocado
Em vosso e meu coração
Brasil de Jorge de Lima
Bruma sonho e mutação
Brasil de Murilo Mendes
Novo mundo mas romano
E o Brasil açoriano

De Cecília a tão secreta
Atlântida encoberta
Sob o véu dos olhos verdes
Brasil de Carlos Drummond
Brasil do pernambucano
João Cabral de Melo que
Deu à fala portuguesa
Novo corte e agudeza
Brasil da arquitectura
Com nitidez de coqueiro
Gente que fez da ternura
Nova forma de cultura
País da transformação
Mas ao Brasil que tortura
Só podemos dizer não

Brasil de D. Helder Câmara
Que nos mostra e nos ensina
A raiz de ser cristão
Brasil imensa aventura
Em nossa imaginação
Mas ao Brasil que tortura
Só podemos dizer não

1977

Quem me roubou o tempo que era um
quem me roubou o tempo que era meu
o tempo todo inteiro que sorria
onde o meu Eu foi mais limpo e verdadeiro
e onde por si mesmo o poema se escrevia

Setembro de 2001

INÉDITOS

A cidade dos outros

Túnica de tortura era a cidade
Que tecida pelos outros nos vestia

Nem uma folha de tília ou de palmeira
Nos escondia

Caminhamos no chão azul das noites
E nas arenas brancas do meio dia

E a cidade como cães nos perseguia

A minha vida está vivida
Já minha morte prepara
Seu pó de beladona
Viajarei ainda para me despedir das imagens
Antes de despir a túnica do visível

Em vão me engano
Verdadeiramente sou quem fui
Atravessando quartos forrados de espelhos ardentes
E diluída no fulgor da Primavera antiga

Se ainda busco o promontório de Sunion
É porque nele vejo a minha face despida
O mitológico mundo interior e exterior
Da minha própria unidade perseguida

Mas como despedir-me deste sal
Deste vento inventor de degraus e colunas
Como despedir-me das pedras deste mar
E deste denso amor inteiro e sem costuras

Índice de títulos e primeiros versos

O primeiro verso dos poemas sem título atribuído está em *grifo* e os poemas que têm título próprio estão em redondo.

25 de Abril, 268

A anémona dos dias, 128
A bela e pura palavra Poesia, 124
Acaia, 213
A casa, 231
A casa térrea, 275
A cidade dos outros, 381
A escrita, 319
A estrela, 176
A flauta, 209
A forma justa, 284
A liberdade que dos deuses eu esperava, 107
Algarve, 165
Ali vimos a veemência do visível, 295
À luz do aparecer a madrugada, 294
À maneira de Horácio, 342
A memória longínqua de uma pátria, 101
A minha vida está vivida, 382
A noite e a casa, 207
(Antinoos de Delphos), 235
Aparição, 160
Apesar das ruínas e da morte, 45
A palavra faca, 147
A paz sem vencedor e sem vencidos, 251
Apolo Musageta, 50

A princesa da cidade extrema ou a morte dos ritos, 308
Aquele que partiu, 131
A raiz da paisagem foi cortada, 89
Arte poética [de *O búzio de Cós e outros poemas*], 346
Arte poética i, 359
Arte poética ii, 362
Arte poética iii, 364
Arte poética iv, 367
Arte poética v, 371
Árvores, 94
A solidão, 155
As fontes, 55
As grutas, 172
As ondas quebravam uma a uma, 61
As pessoas sensíveis, 191
As rosas, 64
Assassinato de Simonetta Vespucci, 82
Assim o amor, 208
As três Parcas, 125

Barcos [de *Coral*], 86
Barcos [de *Livro sexto*], 166
Biografia, 136
Brasil 77, 376
Brasília, 222
Brisa, 142
Busca, 150

Cada dia é mais evidente que partimos, 91
Camões e a tença, 252
Canção de matar, 157
Cânon, 339
Cante Jondo, 120
Carta aos amigos mortos, 183
Carta de Natal a Murilo Mendes, 281
Carta(s) a Jorge de Sena, 316
Catarina Eufémia, 254
Cesário Verde, 326

Chamei por mim quando cantava o mar, 77
Che Guevara, 261
Cíclades, 257
Cidade, 51
Cidade dos outros, 200
Com fúria e raiva, 272
Como é estranha a minha liberdade, 105
Coral, 81
Corpo, 137
Cupidez roendo o verde emergir das ilhas a barlavento, 302

Data, 190
Da transparência, 225
Dedicatória da segunda edição do Cristo cigano a João Cabral de Melo Neto, 324
Descobrimento, 219
Deus escreve direito, 350
Dia [de *Livro sexto*], 185
Dia [de *No tempo dividido*], 108
Dia de hoje, 65
Dionysos, 66
Dual, 237

É esta a hora, 63
Electra, 134
Elegia, 340
Em Hydra, evocando Fernando Pessoa, 243
Em nome, 233
Encruzilhada, 119
Epidauro, 215
Era o tempo, 351
Espera-me, 88
Esse que humano foi como um deus grego, 234
E só então saí das minhas trevas, 95
Esta gente, 202
Estações do ano, 287
Estátua de Buda, 323
Este é o tempo, 132

Esteira e cesto, 277
Estilo manuelino, 303
Estrada, 240
Eu me perdi, 201
Eu vos direi a grande praia branca, 298
Eurydice [de *Dia do mar*], 74
Eurydice [de *Dual*], 232
Eurydice [de *No tempo dividido*], 102
Eurydice em Roma, 337
Evohé Bakkhos, 49
Exílio, 189

Fechei à chave, 241
Fernando Pessoa, 182
"Fernando Pessoa" ou "Poeta em Lisboa", 263
Final, 162
Foi no mar que aprendi, 349
Fundo do mar, 53
Fúrias, 328

Goa, 345

Há cidades acesas na distância, 56
Hélade, 353
Homens à beira-mar, 57
Homero, 352

Ingrina, 197
Inicial, 239
Inscrição, 180
Intacta memória, 109
Intervalo II, 84
Ítaca, 218

Jardim, 52
Jardim perdido, 72

Lagos I, 266

Liberdade [de *Mar novo*], 126
Liberdade [de *O nome das coisas*], 274
Lisboa, 291

Manhã, 171
Manhã de outono num palácio de Sintra, 238
Manuel Bandeira, 220
Mãos, 93
Mar, 46
Mar sonoro, 62
Marinheiro real, 135
Marinheiro sem mar, 121
Meditação do duque de Gandia sobre a morte de Isabel de Portugal, 127
Métrica, 347
Morte do cigano, 159
Mundo nomeado ou descoberta das ilhas, 198
Musa [de *Dual*], 242
Musa [de *Livro sexto*], 168
Museu, 279

Não creias, Lídia, que nenhum estio, 236
Não procures verdade no que sabes, 103
Não te chamo para te conhecer, 104
Não te esqueças nunca, 311
Náufrago, 130
Náufrago acordando, 375
Navegámos para Oriente, 293
Navegavam sem o mapa que faziam, 296
Navio naufragado, 68
Nesta hora, 270
Nestes últimos tempos, 285
Níobe transformada em fonte, 54
Nocturno da Graça, 140
No deserto, 210
No Golfo de Corinto, 214
No mar passa de onda em onda repetido, 106
No poema [de *Livro sexto*], 179

No poema [de *Mar novo*], 143
No tempo dividido, 112
Nus se banharam em grandes praias lisas, 297

O amor, 154
O anjo, 67
O búzio de Cós, 348
O destino, 149
O dia, 318
O efebo, 249
O encontro, 153
O escultor e a tarde, 148
O filho pródigo, 211
O hospital e a praia, 186
O infante, 355
O jardim e a noite, 47
Olímpia, 314
O Minotauro, 246
Ondas, 333
O país sem mal, 320
O palácio, 264
Ó Poesia — quanto te pedi!, 90
O poeta sábio, 338
O primeiro homem, 69
O rei de Ítaca, 278
Orpheu e Eurydice, 336
O soldado morto, 129
O super-homem, 193
O velho abutre, 194
Os biombos Namban, 321
Os espelhos, 212
Os gregos, 250
Outros dirão senhor as singraduras, 299

Para atravessar contigo o deserto do mundo, 181
Penélope, 92
Perfeito é não quebrar, 117
Pirata, 87

Poema, 226
Poema de amor de António e de Cleópatra, 110
Poema de geometria e de silêncio, 97
Poema de Helena Lanari, 224
Poema inspirado nos painéis que Júlio Resende desenhou para o monumento que devia ser construído em Sagres, 138
Porque, 133
Praia, 85
Pranto pelo dia de hoje, 188
Prece, 114
Procelária, 199
Projecto i, 273
Projecto ii, 280

Quadrado, 206
Quando, 71
Que poema, de entre todos os poemas, 96
Quem me roubou o tempo que era um, 378

Regressarei, 283
Reino, 167
Ressurgiremos, 175
Retrato de mulher, 276
Retrato de uma princesa desconhecida, 253
Revolução, 269
Reza da manhã de Maio, 73

Sacode as nuvens que te poisam nos cabelos, 78
Santa Clara de Assis, 113
Senhor se da tua pura justiça, 118
Soneto à maneira de Camões, 80
Soneto de Eurydice, 111
Soror Mariana — Beja, 262

Tão grande dor, 334
Tejo, 341
Tempo de não, 312
Terror de te amar num sítio tão frágil como o mundo, 79

Trevas, 156
Tríptico ou Maria Helena, Arpad e a pintura, 307
Túmulo de Lorca, 204

Um dia, 70

Varandas, 354
Veneza, 313
Vi as águas os cabos vi as ilhas, 300
Vila Adriana, 217

1ª EDIÇÃO [2018] 8 reimpressões

ESTA OBRA FOI COMPOSTA POR ACOMTE EM MERIDIEN E
IMPRESSA EM OFSETE PELA GRÁFICA BARTIRA SOBRE PAPEL PÓLEN
DA SUZANO S.A. PARA A EDITORA SCHWARCZ EM ABRIL DE 2024

A marca FSC® é a garantia de que a madeira utilizada na fabricação do papel deste livro provém de florestas que foram gerenciadas de maneira ambientalmente correta, socialmente justa e economicamente viável, além de outras fontes de origem controlada.